KB212181

성경의 중앙
감사하라(시편 117-119편)
THE CENTER OF THE BIBLE

권기호 지음

엘맨

성경의 중앙 – 감사하라(시편117-119편)

초 판 1쇄 | 2024년 4월 25일

지 은 이 | 권 기 호
펴 낸 이 | 이 규 종
펴 낸 곳 | 엘맨출판사

등   록 제10-1562(1985. 10. 29)
주   소 | 서울 마포구 토정로222 422-3
전   화 | 02) 323-4060
팩   스 | 02) 323-6416
이 메 일 | elman1985@hanmail.net
홈페이지 | www.elman.kr
I S B N | 978-89-5515-760-4 03230
정   가 | 18,000원

2023년 11월 16일(목) 소천한 장모님 고 홍순옥 권사님(91세, 부산모자이크교회)과 2023년 12월 3일(일) 소천한 어머님 고 박정옥 권사님(85세, 인천주안중앙교회)에게 이 책을 헌정합니다

신앙의 연조(年條)는 오래 되었으나 신앙의 초보에 머물러 있어, 듣는 것이 둔하고 영적으로 성장, 성숙하지 못했던 1C의 일차 독자들과 21C 오늘의 2차 독자들을 향해 히브리서 기자를 통해 믿음의 진보가 없음에 대해 경고하며, 그리스도인들의 성숙을 요청(要請)한다. 지난 세기(世紀) 동안 한국교회에 정착화(定着化)된 다양한 성경연구(연역적, 귀납적, 신학적, 주제별) 프로그램의 유익함과 영향력에도 불구하고, 성경을 전체적으로 올바르게 이해하기 어려워서 고민하는 그리스도인들의 고충을 자주 듣곤 한다. 이들의 한결같은 질문은, "성경(聖經)을 어떻게 읽을 것인가? 성경은 당시에 그리고 오늘날 어떤 의미로 다가오는가? 성경 전체를 한 번에 쉽고 명료하게 이해 할 수 있는 효과적인 성경공부 방법과 신앙생활에 도움을 받을 수 있는 적절한 교재는 무엇인가?" 시의적절(時宜適切)하게 이러한 어려움의 문제를 해소 해 줄 수 있도록 성경 전체를 쉽고 명확하고 간략하면서도 입체적으로, 체계적으로 잘 정리해 놓은 책을 선 보이게 되었다.

앞서 집필하고 출간된 권기호 박사의 처녀작(處女作) "성경의 이해" 와 "오직 Sola", "스타 신앙과 스타 생활"의 신앙생활 안내서, 신앙 양육서와 더불어 후속(後續) 작품이 계속해서 출간되고 있다. 계속 출간되는 책은 ["성경의 서막, 창세기1-4장의 창조와 타락, 성경의 종막 계시록19-22장의 심판과 새창조, 성경의 중간 시편 102~104편의 송축하라, 성경의 중앙 시편 117~119편의 감사하라, 성경의 중심 미가서의 심판과 구원"]이다. 이렇게 출간되는 책은 저자의 뜨거운 열정과 신학적 깊은 통찰력(insight)을 보다 전문화되고 더 깊은 사역적인 측면에 적합한 성경공부를 위해 보완적인 역할로 탁월하고 광범위하게 성도들과 교회학교의 교사들, 신학도, 목회자들이 많은 도움과 실제적인 유익을 받을 것으로 생각되어 기쁜 마음으로 추천합니다.

기독교대한하나님의성회(성경)총회
순복음성경총회신학교 학장 현 주영 목사

권기호 목사님의 "성경의 중앙, 시편 117-119편" 출간을 축하합니다. 이 책은 이미 출간한 "성경의 이해, 창세기에서 요한계시록까지"를 기본으로 하여 만든 책입니다. 권목사님은 교회를 개척하고 목회를 하면서, 신학을 공부하고 박사 학위를 받은 부지런하고 실력 있는 목사님입니다. 목사님들 가운데 목회를 하면서도 학문적인 실력을 갖춘 고수들이 많은데, 권목사님이 그 중의 한 분입니다.

이 책은 문장이 간결하고 명료하여 읽기가 쉽습니다. 목사들의 설교문은 길고 복잡한 것들이 많습니다. 그래서 성도들이 집중해서 설교를 듣기가 쉽지 않습니다. 이러한 이유로 목사님들이 수고하며 준비한 수준 높은 설교가 성도들에게 잘 전달되지 않은 경우도 많이 있습니다. 그런데 이 책의 문장은 아주 간결하여 읽기 편하고 이해하기 쉽습니다. 또한 시편 117-119편의 내용을 한 단락씩 풍성하게 설명해 놓아 설교를 준비할 때 참고하면 좋을 것 같습니다.

이렇게 풍성한 설명이 있는 책은 처음 봅니다. 그리고 중요한 부분들은 친절하게 원어로 설명을 덧붙여 본문에 대한 이해를 쉽게 했습니다. 결론 역시 본론과 마찬가지로 설명이 친절하게 쓰여 설교 준비에도 많은 도움이 될 것입니다. 권목사님의 귀한 책, "성경의 중앙, 시편 117-119편"을 목사님들에게 적극 추천합니다. 구입해서 읽으시면 많은 유익을 얻을 수 있을 것입니다. 권목사님의 다음 책들의 출간을 기대합니다.

은혜와 평강 교회 담임목사 변성규

성경의 이해라는 책을 저술한 권 기호 목사가 성경의 중앙이라는 또 다른 책을 선보인다. 먼저 번 책이 성경의 숲을 보여주는 책이라면 이번 책부터는 숲의 나무를 보여주는 책이다. 책 제목에서 성경의 중앙이 뭘까? 궁금증을 불러일으키는데 시편 118편을 성경의 중심 장으로, 그 앞의 117편은 가장 짧은 장으로, 그 뒤의 119편은 가장 긴장으로 본다.

117편은 출애굽을, 118편은 거기에 대한 감사와 찬양을, 119편은 출애굽한 자들이 율법을 새기고 순례자의 길을 갈 때 거기에 시온의 복이 있음을 말한다. 중앙이라는 관점으로 성경을 풀어가는 방식이 이채롭다. 구원의 목적은 하나님 찬양이다. 이 책은 말씀을 새기며 천국을 향해가는 순례자의 길에 감사와 찬양이 울러 퍼지게 한다.

시온교회 담임목사 윤순식 목사

성경의 전체적인 이해

기독교에서 가장 중요한 것이 성경이다. 성경은 최고의 권위를 가지고 있다. 그렇다면 **첫째로,** 성경이란 무엇인가? 성경의 개념 혹은 정의는 크게 세가지이다. 첫째, 성경은 하나님의 말씀이다. 성경은 하나님의 영감으로 기록되었다(딤후 3:16, 벧후 1:21). 둘째, 성경은 하나님의 계시이다(계 1:1, 요 5:39, 46, 8:56, 행 10:43, 히 1:1-2). 성경을 통해서 하나님 자신을 드러내고 있다. 셋째, 성경은 하나님의 규범이다(딤후 3:16-17, 요 6:68). 즉 'canon'(캐논)이다. 성경은 유일한 법칙이며, 규칙이며, 진리이다. 따라서 성경은 기독교의 기초이며, 최고의 권위를 가지고 있다. 성경은 단순히 거룩한 책이 아니다. 성서가 아니다. 경전으로서 성경이다. 하나의 'story'(스토리)가 아니다. 이야기가 아니다. 정확무오한 하나님의 말씀이다. 하나님의 계시이며, 규범이다. 그런데 이러한 성경을 사람들이 이해하기 어려워한다는 게 사실이다. 성경을 읽어도 무슨 말인지 이해가 잘 안 된다는 것이다. 깨닫기가 대단히 힘들다는 것이다.

둘째로, 왜 성경은 이해하기가 어려운 것인가? 하나님께서 사람으로 하여금 모르게 하시려고 기록하시지는 않았을 것이다. 알게 하시려고 기록하셨다. 그렇다면 무엇이 문제인가? 하나님의 문제가 아니라, 우리 인간의 문제이다. 바로 그것은 우리의 사고방식에 문제가 있기 때문이다. 이 세상에는 크게 세 가지의 사고가 있다. 첫째, 헬라적 사고이다. 헬레니즘적 사고이다. 인간의 이성이 중심이 된 철학적 사고이다. 논리적이다. 세속적인 경향이다. 둘째, 히브리적 사고이다. 헤브라이즘적 사고이다. 인간의 감성이 중심이 된 종교적 사고이다. 현상적이다. 신비주의 경향이다. 셋째, 기독교적 사고이다. 헬라적 사고와 히브리적 사고를 재해석하는 사고이다. 하나님의 절대적 주권적 신앙이다. 신앙이 중심이 된 복음적 사고이다. 오직 예수 그리스도이다. 성령에 의해서 이루지는 사고이다. 새 예루살렘을 지향한다. 신본주의이다. 분명히 성경은 히브리적 사고로 기록되어 있는데, 우리의 사고는 헬라적 사고인 것이 문제이다. 또 성경은 히브리적 사고로 기록되었지만, 히브리적 사고로 끝나도 안 된다. 유대교인이 된다. 기독교적 재해석이 필요하다. 성령 안에서 복음으로 해석하는 방법 외에는 없기 때문이다. 그래서 성경을 이해하기 위해 성령 안에서 우리의 사고를 변화 시켜야 할 필요성이 있다(고전 1:23-24, 2:2, 고후 10:4, 골 2:8).

셋째로, 성경은 어떻게 구성되어 있는가? 성경은 하나의 통일성을 가지고 있다. 하나의 통일성을 가지고 있을 뿐만 아니라, 또한 다양성도 함께 가지고 있다. 그래서 성경은 한 권이지만, 구약과 신약으로 나누어지고, 구약 39권, 신약 27권, 총 66권으로 구성되어 있다. 더 나아가서 구약 39권은 다시 율법서, 역사서, 시가서, 선지서로 나눌 수 있다. 신약 27권은 다시 복음서, 사도행전, 서신서, 계시록의 네 부분으로 나눌 수 있다. 서로 짝을 맞추면서 4+4로 구성되어 있다. 이렇게 성경은 다양성을 가지고 있지만, 하나의 구조적 통일성을 이루고 있다.

넷째로, 성경의 중심 즉 핵심은 무엇인가? 성경에서 증거하는 가장 중요한 핵심은 바로 예수 그리스도이다(요 5:39, 46, 눅 24:44). 구약은 오실 예수 그리스도를 말씀하고, 신약은 오신 예수 그리스도와 다시 오실 예수 그리스도에 대해서 말씀하고 있다. 이것을 도표로 나타내면 다음과 같다.

성경 – 권위		
구약(옛 약속, 옛 언약)	신약(새 약속, 새 언약)	
율법서 역사서 시가서 선지서	예수 그리스도	복음서 역사서(사도행전) 서신서 계시록
성경 – 토대		

이러한 성경의 처음은 구약이다. 구약성경의 맨 처음은 창세기이다. 창세기 1:1에서 "태초에 하나님이 천지를 창조하시니라"라는 선포로 시작한다. 창조로 시작한다. 그리고 말라기 4:6에서 '내가 와서 저주로 그 땅을 칠까 하노라'라는 말씀으로 끝을 맺고 있다. 저주로 끝을 맺고 있다. 그래서 구약성경은 창조로 시작하여 저주로 끝을 맺고 있다. 그런데 반해 성경의 마지막은 신약의 요한계시록이다. 신약성경의 맨 처음은 마태복음이다. 마태복음 1:1은 "아브라함과 다윗의 자손 예수 그

리스도의 계보라"라고 선포하고 있다. 예수 그리스도의 계보로 시작하고 있다. 그리고 요한계시록 22:21에서 "주 예수의 은혜가 모든 자에게 있을지어다 아멘"으로 끝을 맺고 있다. 은혜로 끝을 맺고 있다. 구약 말라기 4:6에는 '아멘'이 없다. 그러나 신약 요한계시록 22:21에는 '아멘'이 있다. 저주에는 아멘이 없다. 그러나 저주를 은혜로 바꾸는 그곳에는 아멘이 있다. 그래서 신약성경은 족보로 시작하여 은혜로 끝을 맺고 있다. 그것은 바로 예수 그리스도를 통해서 저주가 은혜로 변화되는 것이다.

이렇게 성경을 전체적으로 보면 성경의 가장 처음인 구약의 창세기가 헬라어로, '알파' 즉 영어로는 A라고 할 수 있다. 히브리어로는 '알렙'이다. 그렇다면 성경의 마지막인 신약의 요한계시록은 헬라어로 '오메가' 즉 영어로 Z라고 할 수 있다. 히브리어로는 '타우'이다. 그런데 창세기와 요한계시록을 자세히 비교해서 보면, 창세기와 요한계시록이 서로 밀접하게 연관성을 가지고 있는 수미쌍관(inclusio)을 이루고 있다. 창세기는 창조 즉 에덴동산으로 시작하고 있다. 하나님께서 천지를 창조하시고 에덴동산과 사람을 만드시고, 하나님의 나라를 시작하였다. 하지만 그만 아담과 하와가 범죄함으로 에덴동산에서 쫓겨나게 되었다. 사람의 타락으로 말미암아 하나님의 나라가 파괴되었다. 그래서 하나님의 나라를 세우기 위해서 제사장을 세웠고, 왕들을 세웠고, 선지자들을 세웠지만, 결국 하나님의 나라를 세우는데 실패했다. 그래서 마태복음은 예수 그리스도의 계보를 말씀하고 있다. 하나님의 아들 예수 그리스도를 통해서 하나님의 나라를 성취했다. 사도들과 교회를 통해서 하나님의 나라를 확장하고, 결국 예수 그리스도의 재림을 통해 하나님의 나라가 완성되고 있다. 예수 그리스도의 초림으로 다시 시작된 하나님의 나라가 예수 그리스도의 탄생, 고난, 죽으심과 부활, 그리고 승천을 통해서 성취되었다. 이제 요한계시록을 통해 예수 그리스도의 재림으로 하나님의 나라가 완성되는 것이다. 그래서 성경 전체의 시작 부분인 창세기 1-4장의 큰 주제는 '첫 창조와 타락'이라고 할 수 있다. 창세기 1-2장은 창조와 에덴을 말씀하고, 3장에서 뱀을 말씀하고 있다. 그리고 성경 전체의 마지막 부분인 요한계시록 19-22장의 큰 주제는 '심판과 새 창조'라고 할 수 있다. 요한계시록 20장에서 옛 뱀을 말씀하고, 21-22장에서 새 하늘, 새 땅과 에덴의 회복을 말씀하고 있다. 역순서로 되어 있다. 이러한 사실을 도표로 나타내 보면 다음과 같다.

영원	성경 - 권위			영원
	옛 언약		새 언약	
	창 1-4장 첫 창조와 타락	예수 그리스도	계 19-22장 심판과 새 창조	
	구약		신약	
	성경 - 토대			

그러면 성경의 중간 부분은 어디인가? 성경 전체의 중간 부분에서는 무엇을 가르치고 있는가? 그래서 먼저 성경 전체의 절의 중간을 찾았다. 성경 66권은 총 1,189장으로 구성되어 있다. 총 절 수는 성경마다 조금 달랐다. 개역성경은 31,101절이고, 개역 개정은 31,103절이었다. 구약성경에서 절을 안 매긴 137절은 별도로 생각했다. 이러한 성경 전체의 중간 구절이 바로 시편 103:1-2이다. 그런데 놀라운 것은 시편 103편 바로 앞의 시편 102편이다. 시편 102편은 바벨론에 끌려가 탄식 속에서 기도할 수 밖에 없었다. 그래서 시편 102편에서 시온 회복을 간청하고 있다. 그러면서 시편 103편에서는 다시 모세의 시대로 인도되면서(시 103:7), 여호와 하나님의 용서하심은 그의 인자하심에 있다고 한다. 그리고 시편 103편 바로 뒤의 시편 104편은 여호와 하나님이 창조자 되심을 말씀하고 있다. 그러면서 처음 6일간의 창조를 말씀하고 있다. 그 중심에 시편 103편이 있다. 시편 103편에서는 여호와를 송축하라고 한다. 그러면서 여호와의 인자하심을 말씀하고 있다. 그래서 스펄전은 시편 103편을 '한 권의 성경'이라고 할 만큼 포괄적인 진리를 담고 있다고 했다. 또한 시편 103편은 절 수가 22절로 히브리어 알파벳 수효와 같아서 알파벳 시편이라고 한다. 따라서 시편 103편을 중심으로 성경 전체의 역구조로 이루어져 있다. 진정한 시온의 회복을 바라는 자는 여호와를 송축해야 한다는 것이다. 그렇게 해야 할 이유는 바로 그 하나님이 창조주 하나님이시기 때문이라는 것이다. 은혜-송축-창조로 이어지고 있다. 이것을 도표로 나타내면 다음과 같다.

시편 102편	시편 103편	시편 104편
시온의 회복 간청	여호와를 송축하라	천지의 창조 섭리

영원	성경 - 권위			영원
	창 1-4장	시 103편	계 19-22장	
	첫 창조와 타락	여호와를 송축하라	심판과 새 창조	
	성경 - 토대			

그 다음 성경 전체의 장의 중앙을 찾았다. 절의 중심에 이어 장의 중심이 어디냐는 것이다. 성경은 66권 총 1,189장으로 구성되어 있다. 구약성경이 929장이고, 신약성경이 260장이다. 그 중심 장이 594-595장이다. 시편 118편이다. 왜냐하면 구약성경의 절을 안 매긴 137절까지 포함하면 성경 전체에서 구절의 중심이 시편 118:18이기 때문이다. 이러한 시편 118편을 중심에 두고 그 앞에 시편 117편, 뒤에 시편 119편이 하나의 단락을 이루고 있다. 시편 117편은 성경 전체의 장 중에서 가장 짧은 장으로써 단 2절로 되어 있다. 그런데 반해 시편 119편은 성경 전체의 장 중에서 가장 긴 장으로써 무려 176절로 되어 있다. 따라서 시편 118편은 성경 전체의 정중앙에 위치해 있다고 할 수 있다. 뿐만 아니라 성경 전체의 축약판이라고 할 수 있다. 그래서 마틴 루터는 시편 118편을 '내가 가장 사랑하는 시편'이라고 했다. 이어서 이 시편은 '나를 수많은 환란에서 건져내었다'고 했다. 그리고 이 시편은 '나에게 큰 힘을 주었다'고 고백했다. 이것을 도표로 나타내면 다음과 같다.

시편 117편	시편 118편	시편 119편
성경에서 가장 짧은 장	**성경에서 가장 중심 장**	성경에서 가장 긴 장
여호와를 찬양하라	**여호와께 감사하라**	율법을 마음에 새기라

　뿐만 아니라, 시편 113-117편은 출애굽의 할렐시이다. 출애굽의 하나님을 말씀하고 있다. 이러한 출애굽 할렐시의 결론이 시편 118편이다. 그리고 시편 120-134편은 성전에 올라가는 노래이다. 시온의 하나님을 말씀하고 있다. 이러한 시온의 노래의 서론이 시편 119편이다. 출애굽과 시온의 순서로 기록되어 있다. 출애굽의 하나님이란 출애굽 사건을 배경으로 위기 가운데 빠졌던 자신의 백성을 구원하신 하나님을 가리키고 있다. 반면 시온의 하나님이란 자신이 구원하신 백성을 시온에서 축복하시는 하나님을 가리키고 있다. 따라서 출애굽을 통해서 구원 받음에 대해서 찬양하고, 감사할 뿐만 아니라, 시온을 향해 올라가기 위해서 마음에 율법을 새기라는 것이다. 그렇게 하는 자에게 시온의 축복을 누리게 하신다는 것이다. 이것을 도표로 나타내면 다음과 같다.

시편 113-117편	시편 118편	시편 119편	시편 120-134편
출애굽 할렐시	여호와께 감사하라	율법을 마음에 새기라	시온의 순례 시
유월절(장막절)		오순절(시내산)	장막절

	성경 - 권위			
영원	창 1-4장	시 118편	계 19-22장	**영원**
	첫 창조와 타락	여호와께 감사하라	심판과 새 창조	
	성경 - 토대			

그리고 그 다음 성경 전체에서 권의 중심을 찾았다. 성경 전체의 절 중심에 이어 장 중심에 이어 이제 권의 중심이다. 성경은 총 66권이다. 66권의 중심은 33권이다. 33권은 미가서이다. 칠십인역(LXX)은 호세아-아모스-미가-요엘-오바댜-요나-나훔-하박국-스바냐-학개-스가랴-말라기의 순서로 되어 있다. 그러나 마소라 본문(MT)은 호세아-요엘-아모스-오바댜-요나-미가-나훔의 순서로 나머지는 동일하게 되어 있다. 우리말 개역개정은 칠십인역(LXX)을 따르는 것이 아니라, 마소라 본문(MT)을 따라 호세아-요엘-아모스-오바댜-요나-미가-나훔-하박국-스바냐-학개-스가랴-말라기의 순서로 되어 있다. 마소라 본문과 우리말 개역 개정은 모두 정경 배열을 요나-미가-나훔 순서로 하고 있다. 요나서는 하나님께서 앗수르의 수도인 니느웨로 요나를 보내 하나님의 심판이 임박했음을 선포케 하자, 니느웨 백성들이 놀랍게도 회개하여 구원받는 것을 말씀하고 있다. 물론 나훔서와 연결해서 보면 앗수르의 심판은 잠시 연기된 상태였다. 그러나 나훔서는 잠시 연기된 니느웨에 대한 심판을 선언하고 있다. 니느웨에 대해 경고하고 있다. 결코 멸망하지 않을 것 같았던 앗수르도 결국 심판 받고 말았다. 니느웨의 전적 파멸을 말씀하고 있다. 따라서 미가서는 요나서와 나훔서 중간에 정경 배열이 이루어져 있다. 하나님이 어떤 분이신가를 일깨워준다는 점에서 요나서, 미가서, 나훔서는 같은 지평에 있다. 그러나 그 방향은 서로 다르다. 요나서의 하나님은 회개하는 니느웨에게 기꺼이 구원을 베풀어 주신다. 미가서의 하나님은 이스라엘과 유다의 부패와 타락을 벌하시면서도 기꺼이 품어 주신다. 나훔의 하나님은 다시 죄악을 저지르는 니느웨에게 대적하시어 니느웨를 치고 있다. 그러니까 요나서를 통해 비록 이방인 니느웨라 할지라도 회개하면 하나님께서 용서해 주시고, 구원해 주신다는 것을 말씀하신다. 하지만 미가서 7:10에서 "네 하나님 여호와가 어디 있느냐 하던 자라 그가 거리의 진흙같이 밟히리니 그것을 내가 보리로다"라는 말씀과 7:18에서 "주와 같은 신이 어디 있으리이까 주께서는 죄악과 그 기업에 남은 자의 허물을 사유하시며 인애를 기뻐하시므로 진노를 오래 품지 아니하시니이다"라는 말씀이 나훔서에서 그대로 이루어지고 있다. 하나님께서 다시 죄악과 불의를 행하는 니느웨를 심판하고 있다. 이렇게 이방인 니느웨에 대한 구원과 심판을 말씀하시는 요나서와 나훔서의 중심에 미가서가 있다. 이것을 도표로 나타내면 다음과 같다.

요나	미가	나훔
니느웨의 구원	북 이스라엘과 남 유다	니느웨의 멸망

성경 – 권위		
창 1–4장	미가서	계 19–22장
첫 창조와 타락	심판과 구원(회복)	심판과 새 창조
성경 – 토대		

영원 / 영원

성경 전체 66권의 중심이 되는 것이 미가서이다. 미가서는 크게 세 부분으로 나눌 수 있다. 즉 각각 '들으라'(שמעו)로 시작하는 1:2, 3:1, 6:1을 중심으로 세 부분으로 나눌 수 있다. 이렇게 세 부분으로 나누면, 첫째, 1-2장이다. 둘째, 3-5장이다. 셋째, 6-7장이다. 이러한 각 단락들을 보면, 전반부에는 선민의 범죄 지적이나 심판 예언 등의 부정적 내용이 나오고, 후반부에는 구원과 회복의 예언 및 메시아의 도래 예언과 같은 긍정적 내용이 나오는 형식으로 되어 있다. 그러면서 이러한 각 단락들 안에 '심판과 구원'이 서로 짝을 이루고 있다는 것을 강조하고 있다. 첫 번째 단락에서(시 1:2-2:13), 1:2-2:11은 심판이며, 2:12-13은 구원이다. 두 번째 단락에서(시 3:1-5:15), 3:1-12은 심판이며, 4:1-5:15은 구원이다. 세 번째 단락에서(시 6:1-7:20), 6:1-7:6은 심판이며, 7:7-20은 구원이다. 각 단락들이 모두 심판에서 구원으로 연결된다. 심판이 중심이 아니라, 구원이 핵심이다. 심판을 통한 구원이다. 회개를 통한 회복이다. 이와 같이 미가서는 심판에서 구원으로 향하고 있다. 심판이 중심이 아니라, 구원이 중심이다. 심판이 목적이 아니라, 구원이 목적이다. 심판이 핵심이 아니라, 구원이 핵심이다. 성경 전체의 주제와 아주 밀접하게 연결되어 있다.

목 | 차

너희 모든 나라들아, 여호와를 찬양하라! 너희 모든 민족들아, 주를 찬송하라!

O praise the Lord, all ye nations: praise him, all ye people.

시편 117:1

01

여호와를 찬양(찬송)하라

01 여호와를 찬양(찬송)하라

성경 : 시편 117 : 1 - 2

서론 성경은 하나님의 말씀이다. 성경은 하나님의 계시이다. 성경은 하나님의 규범이다. 성경은 한 권이면서 66권으로 통일성과 다양성을 가지고 있다. 성경은 크게 두 부분으로 나누는데, 구약성경과 신약성경으로 나눈다. 그렇다면 성경에서 제일 중요한 핵심이 무엇인가? 성경 전체의 핵심 사상이 무엇인가? 가장 중요한 중심이 무엇인가? 그것은 바로 예수 그리스도이다. 예수 그리스도는 성경의 핵심이요, 중요한 진리이다. 뿐만 아니라, 예수 그리스도는 우리의 신앙의 핵심이요, 중심이다. 예수 그리스도를 빼고 나면 아무것도 아니다. 예수 그리스도가 중심이 될 때 의미가 있다(요 5:39, 46).

1) 성경 전체의 시작 부분은 구약성경 창세기 1-4장이다.

창조를 통해서 시작한 하나님의 나라에 대해서 말씀하고 있다. 한마디로 '첫 창조와 타락'에 대해서 말씀하고 있다. 또한 성경 전체의 마지막 부분은 신약성경 요한계시록 19-22장이다. 새 창조를 통한 하나님의 나라 완성에 대해서 말씀하고 있다. 한 마디로 '심판과 새 창조'에 대해서 말씀하고 있다. 이렇게 성경 전체의 서론 부분과 결론 부분이 서로 밀접하게 연결되어 수미쌍관(inclusio)을 이루며, 하나의 통일성을 이루고 있다.

2) 그렇다면 성경 전체의 중심은 어디인가?

성경 전체의 중심에서는 무엇을 말씀하고 있는가? 성경 전체의 중심 절은 시편 103편 1-2절이다. 성경 전체 절의 중심에서 '내 영혼아 여호와를 송축하라'는 말씀을 하고 있다. 그것도 수미쌍관(inclusio)을 이루면서 강조하고 있다(시 103:1, 22). 시편 103편의 앞에서는 시편 102편이 시온의 회복을 말씀하고 있다. 뒤에서는 시편 104편이 처음 6일간의 창조를 말씀하고 있다. 그 중심에서 시편 103편은 여호와를 송축하라고 하면서 여호와의 인자하심을 말씀하고 있다. 그래서 스펄전은 시편 103편이 한 권의 성경이라 할 만큼 포괄적인 진리를 담고 있다고 했다. 또한 시편 103편은 절 수가 22절로 히브리어 알파벳 수효와 같아서 알파벳 시편이라고 한다. 이 것을 도표로 나타내면 다음과 같다.

시편 102편	시편 103편	시편 104편
시온의 회복 간청	여호와를 송축하라	천지의 창조 섭리

3) 그리고 성경 전체의 또 하나의 중심은 어디인가?

성경의 전체 장을 중심으로 생각해 볼 필요가 있다. 성경은 총 1,189장으로 구성되어 있다. 구약성경이 929장이다. 신약성경이 260장이다. 그 중심의 장은 594-595장이다. 따라서 구약성경 율법서 187장, 역사서 249장, 욥기 40장, 시편 150편 중 시편 118편이 바로 그 중심이다.

4) 시편 118편은 가장 짧은 장인 117편과 가장 긴 장인 119편의 중심에 있다.

시편 117편은 성경 전체의 장 중에서 가장 짧은 장이다. 단 2절로 되어 있다. 가장 짧지만 결코 간과할 수 없는 소중한 장이다. 왜냐하면 로마서 15:11에서 인용하고 있기 때문이다. 그런데 반해 시편 118편을 중심에 두고 바로 뒤가 시편 119편이다. 시편 119편은 성경 전체의 장 중에서 가장 긴 장이다. 무려 176절로 되어 있다. 그것도 히브리어 알파벳이 22자인데, 22자 x 8절로 구성되어 있다. 토라 즉 율법 시이다. 따라서 시편 118편은 성경 전체의 장 중심에 위치해 있다. 뿐만 아니라 성경 전체의 축약판이라고 할 수 있다. 그래서 마틴 루터는 시편 118편을 가리켜 '내가 가장 사랑하는 시편이다'라고 했다. 이어서 이 시편이 '나를 수많은 환란에서 건져내었다'고 했다. 그리고 이 시편은 '나에게 큰 힘을 주었다'고 고백했다. 이것을 구조적으로 보면 다음과 같다.

시편 117편	시편 118편	시편 119편
성경에서 가장 짧은 장	성경에서 가장 중심 장	성경에서 가장 긴 장

5) 성경에서 가장 중심 장인 시편 118편은 한마디로 '여호와께 감사하라'는 것이다.

그래서 감사로 시작하고, 감사로 끝을 맺고 있다. 서로 수미쌍관 (inclusio)을 이루고 있다. 그러면서 시편 118:1과 시편 118:29에서 동일하게 말씀하고 있다. 그러면서 그 감사의 이유가 여호와께서 선하시고, 그 인자하심이 영원하시기 때문이라는 것이다. 한마디로 하나님의 속성 즉 본질 자체 때문에 감사하라는 것이다. 그러면서 이렇게 감사해야 할 이유를 또 하나 말씀하고 있다. 아니 감사의 근거를 말씀하고 있다고 해야 더 정확할 것이다. 그럼 그 근거가 무엇인가? 그 근거는 시편 118편 바로 앞에 있는 시편 117편이다. 좀 더 앞으로 시편 113-117편이 그 근거이다.

6) 그렇다면 시편 113-117편은 무엇인가?

한마디로 출애굽의 할렐시이다. 시편 113편은 할렐루야로 시작하고, 할렐루야로 마치고 있다. 물론 우리말 개역개정에는 시편 114편에 할렐루야가 없다. 그러나 70인역은 할렐루야로 114편을 시작하고 있다. 그리고 시편 115편에서 117편까지 맨 끝에 할렐루야로 마치고 있다. 그래서 시편 113-117편을 출애굽의 할렐시라고 한다. 출애굽의 할렐시가 여기에 기록된 것은 열국의 지배를 받고있는 바벨론 포로 후기의 상황이 과거 애굽의 지배를 받았던 이스라엘의 상황과 비슷하기 때문이다. 시편 113-117편은 과거에 하나님이 출애굽을 통해 이스라엘을 구원해 주셨듯이 포로 후기 공동체에게 또 다른 출애굽의 은혜를 베풀어 주실 것을 기원하고 있다. 더 나아가서 출애굽 할렐시는 출애굽의 이상이었던 하나님의 나라의 완성을 간구하는 뜻을 담고 있다(시 114편). 그래서 출애굽 할렐시는 유월절을 기념하며 불렀던 노래이다. 그것은 신약에서 유월절을 기념할 때 찬송하며 감람산으로 올라갔다는 기록에서 엿볼 수 있다(마 26:30, 막 14:26). 그러면 출애굽을 통해서 구원을 받은 자가 어떻게 해야 하는가? 시편 118편에서는 한마디로 여호와께 감사해야 한다는 것이다. 엄청난 구원의 은혜를 베풀어 주신 여호와 하나님께 구원을 받은 자로서 감사해야 한다는 것이다.

7) 이러한 시편 118편에 이어서 여호와께 감사하기 위해서 어떻게 해야 하는가? 무엇을 해야 하는가? 여호와께 감사하기 위해 어떻게 해야 되는가를 말씀하고 있다.

한마디로 말해서 시편 119편은 토라시, 율법시를 통해서 마음에 율법을 새기라는 것을 말씀하고 있다. 땅의 축복을 누리기 위해서 공동체는 지속적으로 마음에 율법을 새겨야 한다는 것이다. 율법이 공동체의 길을 밝은 빛으로 인도하고, 행실을 바르게 해 주며, 무엇보다 하나님의 사랑을 깨닫게 해 주어 하나님과의 교제의 기쁨을 누리도록 해 준다는 것이다. 이러한 시편 119편에 이어 시편 120-134편의 성전에 올라가는 노래를 통해서 마음에 율법을 새긴 자가 시온에서 하나님이 베푸시는 복들 즉 평강, 보호, 수고한 대로 먹음, 자식의 축복, 가정과 공동체의 번영 등을 누리게 될 것을 노래하고 있다(시 121:6, 122:8-9, 127:1-3, 128:2-3). 이러한 연결은 결국 시온에서 하나님의 통치라는 축복을 받기 위해서는 적어도 율법에 순종해야 한다는 것이다. 이러한 것을 구조적으로 보면 다음과 같다.

시편 113-117편	시편 118편	시편 119편	시편 120-134편
출애굽 할렐시	감사하라(감사시)	토라(율법시)	시온의 순례시
출애굽	출애굽 / 시온(성전)	율법	시온(성전)
유월절(장막절)		오순절(시내산)	장막절

8) 이것은 성경 전체를 요약해서 그대로 말씀하고 있는 것이다.

성경에 기록된 그대로 출애굽과 시온의 순서로 말씀하고 있다. 다시 말하면 시편 118편과 119편을 중심으로 '출애굽의 하나님'과 '시온의 하나님'을 주제로 말씀하고 있다. '출애굽의 하나님'이란 출애굽 사건을 배경으로 위기 가운데 빠졌던 자신의 백성을 구원하신 하나님을 가리키고 있다. 반면 '시온의 하나님'이란 자신이 구원한 백성을 시온에서 축복하시는 하나님을 가리키고 있다. 여기서 특히 시편 113-117편은 위기에 처한 자신의 백성을 구원하시는 하나님의 능력에 초점을 맞추고 있다. 시편 113-117편은 출애굽의 할렐시로, 구원하신 하나님을 강조하고 있다. 따라서 시편 118편은 출애굽 할렐시의 결론격이다. 그리고 시편 119편은 시온의 순례시의 서론격이다. 이어서 시편 120-134편도 위기에 처한 자신의 백성을 구원하시는 하나님의 능력에 초점을 맞추고 있다. 특히 시편 120-134편은 성전으로 올라가는 노래들로, '시온'(예루살렘)에서 여호와의 영원하신 복이 흘러나온다고 말씀하고 있다. 시편 113-117편이 출애굽의 구원을 떠올리게 한다면, 감사의 시인 시편 118편이 여호와께 감사하라고 하고, 율법의 시인 시편 119편은 율법을 마음에 새기라고 하는 것은 시내산에서 율법을 받는 장면을 연상시키고 있다. 그리고 시편 120-134편에서 광야의 노정을 끝내고 시온에 도착하는 장면으로 이어지고 있다. 이렇게 출애굽의 유월절 사건, 시내산에서 율법 수여 즉 오순절 사건, 시온(예루살렘)으로의 입성이라는 역사적 사건의 흐름을 따라 전개되고 있다.

9) 바로 그 중심에서 시편 118편과 시편 119편은 출애굽을 통해서 구원을 받은 자로 시온을 향해 걸어가는 자들이 어떻게 해야 하는지를 말씀하고 있다.

시편 118편을 통해서 여호와께 감사하라는 것이다. 그리고 시편 119편을 통해서는 마음에 율법을 새기라는 것이다. 그렇게 하는 자에게 시온의 축복을 누리게 하신다는 것이다. 이러한 시편의 흐름을 어느 정도 이해하고, 이제 우리가 살펴볼 시편 117편은 시편 113-117편의 출애굽 할렐시의 마지막이다. 출애굽의 할렐시는 할렐루야로 시편 113편에서 시작하여, 시편 117편을 할렐루야로 끝을 맺고 있다. '할렐루야'란 말씀은 여호와를 찬송하라는 말씀이다. 그래서 시편 113-117편은 맨 마지막에 '할렐루야'로 끝을 맺고 있다. 그러면서 시편 118편을 시작하면서 '여호와께 감사하라'고 하고 있다. 출애굽의 구원의 은혜를 받은 자는 여호와를 찬송하고, 여호와께 감사하라는 것이다. 이와 비슷한 패턴으로 시편 120-134편의 시온의 순례시에 이어 135편이 할렐루야로 시작해서 할렐루야

로 끝을 맺고 있다. 그러면서 시편 136편을 시작하면서 '여호와께
감사하라'고 하고 있다. 그것도 시편 118:1과 136:1에서 글자 하나
틀리지 않고 모두 동일하게 말씀하고 있다. "여호와께 감사하라 그
는 선하시며 그 인자하심이 영원함이로다"라고 한다. 이렇게 출애
굽 구원의 은혜를 입고, 시온의 축복을 향하여 나아가는 자들에게
필요한 두 가지가 있다. 그것은 바로 하나는 여호와를 찬양하는 것
이요, 다른 하나는 여호와께 감사하는 것이다. 이 둘은 서로 떼어 놓
을 수 없는 대단히 중요한 관계이다.

1. 여호와는 찬송해야 할 대상이다.

1) 시편 117:1에서 우리말 개역개정은 '너희 모든 나라들아'로 시작
하고 있지만, 히브리 원문은 우리말 개역개정과 달리 '할렐루'로
시작하고 있다. 즉 '여호와를 찬양하라'로 시작하고 있다. 그래서
시편 117편은 '할렐루 여호와'로 시작하고, '할렐루야'로 끝을 맺
고 있다. 찬양의 대상을 상반절에서는 '여호와를', 하반절에서는
'그를'이라고 말씀하고 있다. 이렇게 시편 117:1은 비슷한 내용을
반복하는 평행 구조로 이루어져 있다.

2) "너희 모든 나라들아"와 "너희 모든 백성들아"는 한마디로 온 세상
사람들을 일컫는 말이다. 그러나 '나라'보다는 '백성'이 좀 더 구
체적이다. '찬양'과 '찬송'도 비슷한 단어이다. 여호와를 찬송하라,

그를 찬양하라고 한다. 그런데 여기서 '여호와를'에 해당하는 '에트 여호와'에서 '에트'라는 목적어를 나타내는 전치사를 굳이 사용할 필요가 없는데, 이것을 사용하고 있다. 이것은 오로지 찬양의 대상이 여호와 한 분이심을 강조하고 있다. 오로지 여호와 하나님 한 분만이 찬양의 대상이라는 것이다. 그것도 여기 먼저 '찬양하며'라는 '할렐루'는 동사 '할랄'의 강의형(Piel) 2인칭 복수 명령형이다. 너희들은 여호와를 찬양하라는 것이다. 너희들은 여호와를 자랑스럽게 여기라는 것이다. 너희들은 여호와를 높이라는 것이다. 너희들은 여호와를 밝게 비추라는 것이다.

3) 이와 대응되는 말씀이 '그를 찬송할지어다'이다. 여기 '찬송'을 뜻하는 '쉽베후후'는 동사 '쉬바흐'의 강의형(Piel) 2인칭 복수 명령형이다. 너희들은 그를 찬송하라는 것이다. 너희들은 그를 칭찬하라는 것이다. 너희들은 그를 진정시키라는 것이다. 너희들은 그를 달래라는 것이다. 너희들은 그를 칭송하라는 것이다. 너희들은 그를 찬미하라는 것이다. 그것도 히브리어가 아니라, 아람어인 것 같다. 물론 히브리어로도 사용되지만, 시편에서는 많이 나타나지 않는 아람어를 사용하고 있는 것 같다. 아람어는 주로 이스라엘 밖의 나라들에서 사용되었다. 포로기 때에는 아람어가 주된 언어가 되기도 했다. 그것도 동일하게 찬양한다는 같은 말을 두 번 하기보다는 같은 뜻을 가진 다른 말로 하여 찬송 즉 칭송할지어다라고 하고 있다.

4) 여호와를 찬양하고, 찬송해야 하는 사람들에 이스라엘 백성들뿐만 아니라, 이방인 백성들까지도 다 포함하는 의미를 가지게 되는

것이다. 그러면서 시편 117편은 여호와를 찬양하라는 말씀과 그를 찬송하라는 말씀을 모두 2인칭 복수 명령형으로 기록하고 있다. 그것도 두 동사가 유사한 뜻을 지니면서 모두 강의형으로 기록하고 있다. 이것은 여호와에 대한 찬양과 찬송이 해도 되고 하지 않아도 되는 것이 아니라, 마땅히 해야 한다는 것이다. 인간이라면 당연히 해야 할 일임을 강조하고 있는 것이다.

5) 그럼 누가 여호와를 찬양하고, 그를 찬송해야 하는가? 두 가지로 말씀하고 있다. 하나는 '너희 모든 나라들아'라고 한다. 또 다른 하나는 '너희 모든 백성들아'라고 한다. 이 가운데 먼저 '나라들'이란 뜻의 '꼬임'은 이방 나라, 국가, 국민, 백성을 의미하는 '꼬이'의 복수형이다. 이것은 이스라엘뿐만 아니라, 열방의 나라들, 이방의 나라들 역시 여호와를 찬양해야 함을 말씀하고 있다. 또한 여기 '백성들'이란 뜻의 '하움밈'은 '움마'의 복수형인데, 앞에 정관사가 붙어 종족, 민족, 백성을 의미한다. 여기에도 아람어의 철자가 나타나고 있다. 이것은 이스라엘 백성뿐만 아니라, 모든 백성들이 그를 찬송해야 함을 말씀하고 있다. 특별히 여기 '나라들'과 '백성들'은 동의어로 사용되고 있지만, 문맥상 보다 구체적으로 강조하는 의미를 가지고 있다. 그러나 굳이 차이점을 생각해 본다면, '나라들'이란 집합체로서의 나라와 민족을 가리키고, '백성들'이란 그 기반을 이루는 개체로서의 종족을 가리키고 있다. 그러면서 '나라들'과 '백성들' 앞에 모두 '모든'이라는 '콜'이 기록되어 있다. 따라서 모든 나라들, 모든 백성들은 곧 이스라엘뿐만 아니라, 이방인 모두를

의미한다. 여기에 히브리어와 아람어로 표현되었다는 사실은 전 세계적인 강력한 호소를 의미하고 있다. 그 가운데 하나도 예외 없이 여호와를 찬양하고, 그를 찬송해야 한다는 것이다. 모두 찬양에 참여해야 한다는 것을 강조하고 있다.

2. 여호와를 찬송해야 할 이유이다.

1) 시편 117:2에서 이렇게 모든 나라들과 모든 백성들이 여호와를 찬양하고 찬송해야 한다고 말씀한다. 높이고 칭송해야 한다고 말씀한다(시 36:5, 시 115:1, 출 34:6). 그럼 그렇게 해야 할 이유가 무엇인가? 그래서 우리말 개역개정에는 분명하게 드러나지 않지만, 원문은 이유를 나타내는 접속사 '키'로 시작하고 있다. 모든 나라들과 모든 백성들이 여호와를 찬양하고, 찬송해야 할 이유를 제시하고 있다. 여호와를 찬양해야 할 이유를 크게 두 가지로 말씀하고 있다. 하나는 여호와의 인자하심이다. 또 다른 하나는 여호와의 진실하심이다. 이렇게 '인자'와 '진실'은 한마디로 여호와 하나님의 성품이자 통치의 방식이다. 이것 때문에 여호와 하나님을 찬양해야 한다는 것이다.

2) 이것을 좀 더 구체적으로 보면, 먼저 여호와의 인자하심이다. 여기 '인자하심' 즉 '하쓰또'는 인자, 자비, 자애, 친절을 나타내는 명사 '헤세드'에 3인칭 단수 접미어가 결합된 말이다. '헤세드'는 하

나님의 대표적인 속성이다. 이것은 기본적으로 하나님께서 당신의 백성 이스라엘과 맺으신 언약에 근거하여 한결같이 무궁한 은혜를 베푸시는 것을 말씀하고 있다. 모든 어려움으로부터 보호하시고, 구원하시는 하나님 자신의 본성을 말씀하고 있다. 이러한 여호와의 인자하심은 '크다'는 특징이 있다. 여기서 '크다'라는 말은 강하다, 압도하다, 이기다, 널리 퍼져 있다는 의미이다. 따라서 여호와의 헤세드가 크다는 것은 여호와의 언약적 사랑이 견고하게 세워져 있으며, 널리 퍼져 있다는 것이다. 위대하고 놀랍다는 것이다. 점점 갈수록 더 많아진다는 것이다. 이처럼 여호와의 견고하고 널리 퍼져 있고 더 많아지는 언약적 사랑, 여호와의 인자하심 때문에 여호와를 찬양하고, 찬송해야 한다는 것이다.

3) 그 다음으로 여호와의 진실하심이다. 여기 '진실하심' 즉 '웨에메트'는 접속사 '와우'와 진리, 혹은 신실, 성실, 확실을 의미하는 명사 '에메트'가 결합된 말이다. '에메트' 역시 하나님의 놀라운 속성이다. 이것은 어떤 환경에서도 불변하시는 하나님의 신실함, 믿음직함을 표현하고 있다. 절대적 신뢰로 믿을 수 있다는 것이다. 믿을 만함의 개념이 함께 있다. 언약의 사랑을 그대로 성취하고 계시는 믿을 수 있는 분이라는 것이다. 이러한 여호와의 진실하심이 영원하다는 것이다. 여기 영원하다는 뜻의 말이 '레올람'인데, 에메트를 설명하고 있다. 에메트 자체가 지속성이 있는 신실함을 의미하는데, 여기에 그의 에메트가 영원하다는 말까지 덧붙여 여호와의 신실하심이 끊임없이 지속됨을 더욱 강조하고 있다. 이렇게 여

호와의 '헤세드'와 '에메트'가 크고, 영원하기 때문에 여호와를 찬양하고, 그를 찬송해야 한다는 것이다. 하나님의 사랑과 은혜가 얼마나 온전하고 풍성하며 견고한지를 말씀하면서, 이에 근거하여 여호와를 찬양하고 칭송하도록 촉구하고 있다.

4) 그런데 이러한 여호와의 '헤세드'와 '에메트'가 누구를 향하고 있는가? 바로 '우리'를 향하고 있다. 우리에게 향하신 여호와의 인자하심이 크고, 여호와의 진실하심이 영원하기 때문이다. 우리에게 향하신 즉 '알레누'이다. 이처럼 여호와의 인자하심과 여호와의 진실하심이 크고, 영원한데, 그 대상이 다른 사람이 아니라, 바로 '우리'라는 사실을 강조하고 있다. 견고하고 널리 퍼져 있는 언약적 사랑, 끊임없이 지속되는 보호와 은총이 다른 사람이 아니라, 바로 '우리'를 향해 있다는 사실이다. 여기 '우리'를 일차적으로 이스라엘을 가리킨다고 생각하면, 여호와께서 이스라엘과 맺으신 언약에 신실하셔서 그들의 불순종과 연약함에도 불구하고 무한한 사랑과 긍휼을 베푸셨다는 것이다. 또한 여기 '우리'를 이스라엘뿐만 아니라, 이방인 즉 열국까지를 포함한다고도 할 수 있다. 우상숭배하고, 죄짓고 나쁜 짓만 골라 하는 우리를 향해 인자하심의 크심과 진실하심의 영원하심을 보여 주신 그 여호와 하나님을 찬송해야 한다는 것이다. 이러한 여호와 하나님의 성품이자 통치의 방식이 이스라엘 안에만 머물지 않고, 온 세상으로 확대 될 것이라는 것이다. 따라서 이스라엘은 물론이고, 열방까지도 이스라엘의 구원 가운데 나타난 여호와의 신실한 사랑이 자신들에게 확대될 날을 기

대하며, 이스라엘의 찬양에 함께 동참해야 하는 것이다. 이렇게 시편 117편은 모든 나라들과 모든 백성들을 대상으로 인간의 제일의 목적이라 할 수 있는 여호와 하나님을 찬양하고, 찬송할 것을 촉구할 뿐만 아니라, 그 근거로서 여호와 하나님의 가장 기본적인 속성과 통치 방식인 인자 즉 '헤세드'와 진실 즉 '에메트'를 제시하고 있다. 그것도 '헤세드'의 크심과 '에메트'의 영원함을 말씀하고 있다.

> **결론** 시편은 총 150편인데, 5권으로 이루어져 있다. 오경적 구조로 이루어져 있다. 제1권은 시편 1-41편이다. 제2권은 시편 42-72편이다. 제3권은 시편 73-89편이다. 제4권은 시편 90-106편이다. 제5권은 시편 107-150편이다.

1) 이 중에 시편 제5권은 제1-4권에서처럼 단순하지가 않다. 시편 제1-4권과 달리 제5권에는 표제어가 규칙적으로 분포하지 않고 주제가 일목요연하게 정리되어 있지 않기 때문이다. 게다가 시편 제5권은 44개의 시편으로 구성되어 있어서 범위 역시 꽤 넓게 되어 있다. 그러나 결론 부분인 시편 146-150편의 할렐루야 시편을 제외하고 나면, 시편 107-145편으로 구성되어 있다. 시편 107편과 145편은 두 가지 차원에서 수미쌍관(inclusio) 구조를 형성하고 있다. 하나는 주 여호와의 우주적 통치와 구원하심이다(시 107:1-32, 145:1, 13). 다른 하나는 지혜 모티브 차원이다(시 107:42-43, 145:19-20). 이렇게 시편 제5권은 처음과 끝인 시편 107편과 시

편 145편에 여호와의 위대함을 노래하는 감사 찬양 시가 자리하면서 수미쌍관을 이루고 있다. 특히 시편 107:1을 시작하면서 "여호와께 감사하라 그는 선하시며 그 인자하심이 영원함이로다"라고 한다. 그리고 시편 145:1에서 "왕이신 나의 하나님이여 내가 주를 높이고 영원히 주의 이름을 송축하리이다"라고 시작하고, 시편 145:21에서 "내 입이 여호와의 영예를 말하며 모든 육체가 그의 거룩하신 이름을 영원히 송축할지로다"라고 끝을 맺고 있다. 감사로 시작해서 송축으로 끝을 맺고 있다(시 103편과 시 118편의 역순서). 이것을 구조적으로 보면 다음과 같다.

시편107편	시편145편
. 여호와께 감사하라(1, 8, 32절)	. 여호와를 송축하라(1, 10, 21절)
. 여호와의 인자하심(1, 8, 32절)	. 여호와의 인자하심(8, 17절)
. 인생을 향한 주의 기적(8, 15절)	. 인생을 향한 주의 영광(12절)
. 높은 자를 낮추시고, 가난한 자를 구원하심(39-41절)	. 넘어진 자와 비굴한 자를 높여주심(14절)
. 주린 자를 채워주심(9, 36절)	. 양식을 주심(15절)
. 영혼을 만족시키심(9절)	. 소원을 만족시키심(16절)
. 부르짖는 자에게 응답하심(6, 13절)	. 부르짖는 자를 들으심(18, 19절)
. 악인은 입을 닫게 될 것임(42절)	. 악인의 멸망(20절)

2) 그리고 그 안쪽으로 2개의 다윗 시편 모음집이 배열되어 있다. 다윗의 시 모음집이 앞(시 108-110편)과 뒤(시 138-145편)에 감싸고 있다. 첫 번째 모음집 시편 108-110편에서는 시인이 여호와께 구원을 요청하고(시 108:6, 12, 109:21-31) 여호와가 시온에서 응답하신다면(시 110:2), 두 번째 모음집 시편 138-144편에서는 시인

이 시온(성전)에서 응답하신 여호와께 감사를 드리고(시 138:3-7) 곧 이어 구원과 보호를 요청한다(시 140:1, 6, 141:1, 142:6, 143:1, 7, 12, 144:6-7,10-11). 이것을 구조적으로 보면 다음과 같다.

첫번째 다윗 모음집		두번째 다윗 모음집	
시 108-110편		시 138-144편	
시 108-109편	시 110편	시 138편	시 139-144편
구원 요청	시온에서 응답	시온에서 응답	구원 요청

3) 이렇게 양쪽에 자리한 다윗 모음집 안쪽으로 시편 111-118편과 시편 120-136편의 두 단락이 배열되어 있다. 이 두 단락은 각각 '출애굽의 하나님'과 '시온의 하나님'을 주제로 다루고 있다. "출애굽의 하나님"이란 출애굽 사건을 배경으로 위기 가운데 빠졌던 자신의 백성을 구원하신 하나님을 가리키고 있다. 반면에 "시온의 하나님"이란 자신이 구원한 백성을 시온에서 축복하시는 하나님을 가리키고 있다. 여기서 특히 시편 111-117편의 '출애굽 할렐의 시'는 위기에 처한 자신의 백성을 구원하시는 하나님의 능력에 초점을 맞추고 있다(시 113:7-9, 114:1-2, 115:3-11, 12-13, 116:4-6), 또한 시편 118편은 하나님의 도우심으로 전쟁에서 승리한 왕을 암시하고(시 118:5-18), 시온(성전)에서 그들을 축복하시는 하나님께 집중하고 있다(시 118:26). 시편 111-118편에는 여러 주제가 혼재하지만, 그 중에서도 인간을 신뢰하지 말고 여호와 하나님

만 신뢰하라는 교훈이 강조되고 있다(시 112:7, 115:9-11, 118:8-9). 이와 같이 시편 120-136편도 위기에 처한 자신의 백성을 구원하시는 하나님의 능력에 초점을 맞추고 있다. 시편 120-134편 '시온의 순례의 시' 즉 성전으로 올라가는 노래들은 '시온'(예루살렘)에서 여호와의 영원하신 복이 흘러나온다고 노래하면서 여호와가 없는 삶의 헛됨을 강조하고 있다(시 127편). 또한 이어지는 시편 135-136편은 출애굽 모티브를 활용하면서 여호와의 능력(구원)을 의지하라고 노래하고 있다(시 135:4, 9-14, 136:10-26). 이 단락도 시편 111-118편처럼 여호와만을 신뢰하라고 강조하고 있다.

4) 그 중에 시편 117편은 시편에서는 물론 성경 전체에서 가장 짧은 시편이요, 가장 짧은 장이다. 마치 작은 다이아몬드의 빛이 사람들을 매혹하는 것처럼 시편 117편은 가장 짧으면서, 가장 장엄한 시이다. 할렐루야 시요, 출애굽 할렐시이며, 메시아시요, 선교 예언의 시이다. 아주 다방면에 이용하고 사용할 수 있다. 바울이 시편 117:1을 로마서 15:11에 인용한 것처럼, 예수 그리스도께서 하나님의 진실하신 언약을 이행하시려고 이방인을 긍휼히 여겨 구원하셔서 하나님께 찬송하게 하신다는, 세계를 구원하시는 복음 예언이라고 할 수 있다. 열방 만민을 향해 여호와 하나님을 찬양하라고 하는 중요한 주제를 말씀하면서도 그 내용이 장엄하고 담백하다는 점에서 많은 사람들에게 애송되는 시편이다. 이러한 시편 117편은 시편 150편 가운데 표제가 없는 34편 중 하나이다. 따라서 시편 117편은 누가, 언제 지었는지 알 수 없다. 하지만 분명

한 것은 시편 117편이 시편 113-117편의 출애굽 할렐시의 제일 마지막 다섯 번째 시라는 것이다. 시편 113편, 더 앞으로 가면 시편 111편을 할렐루야로 시작해서, 시편 117편에서 할렐루야로 끝을 맺고 있다. 그리고 이어서 시편 118편에서 여호와께 감사하라로 시작해서 여호와께 감사하라로 끝을 맺고 있다. 이러한 패러다임은 다시 반복된다. 시편 120-134편의 시온의 순례시, 즉 성전에 올라가는 노래가 끝나고, 시편 135편이 할렐루야로 시작해서 할렐루야로 끝을 맺고 있다. 그리고 이어서 시편 136편에서 여호와께 감사하라로 시작해서 하늘의 하나님께 감사하라로 끝을 맺고 있다. 이렇게 할렐루야와 여호와께 감사가 아주 밀접하게 연결되어 있다. 여호와를 찬양하는 것과 여호와께 감사하는 것은 뗄래야 뗄 수 없는 친밀한 관계이다. 바로 이러한 것이 출애굽하여 시온을 향하여 가는 자들이 해야 할 가장 중요한 신앙적 반응이다.

5) 이렇게 시편 117편은 매우 짧지만 크게 두 부분으로 나눌 수 있다. 하나는 117:1에서 모든 나라들과 모든 백성들을 향하여 여호와 하나님을 찬양하고, 찬송할 것을 촉구하고 있다. 그리고 또 다른 하나는 시편 117:2에서 여호와 하나님을 찬양해야 할 근거 즉 이유를 제시하고 있다. 여호와의 인자하심이 크고, 여호와의 진실하심이 영원하기 때문이다. 따라서 시편 117편은 국경과 민족을 초월하여 세계 선교를 지향하며 만민이 여호와 하나님께 나아와 찬양할 것을 촉구하고 있다. 이러한 사실을 사도 바울은 로마서 15장에서 인용하고 있다. 로마서 15:11에서 "또 모든 열방들아 주를 찬

양하며 모든 백성들아 그를 찬송하라 하였으며"라고 한다. 이스라엘뿐만 아니라, 이방나라들까지를 포함하고, 모든 종족들과 민족을 초월한 여호와 하나님을 향한 우주적 찬양과 찬송을 촉구하고 있다. 예수 그리스도를 통하여 이방인들을 구원하시려는 오래 전의 계획이 그대로 이루어졌음을 말씀하고 있다. 그 이유는 여호와의 '헤세드'와 '에메트'가 크고, 영원하기 때문이다. 따라서 시편 117편은 가장 짧은 시편이지만, 공간적인 관점에서는 온 세계를 다 포함하고 있으며, 시간적 관점에서는 영원성을 담고 있다. 이러한 사실을 통해 여호와를 향한 나의 찬송만으로 끝나면 안 된다. 그것은 아직도 예수 그리스도를 알지 못하고, 믿지 않는 자들을 향하고 있다. 모든 민족과 백성들이 이스라엘 백성들이 누린 동일한 여호와 하나님의 '인자'와 '진실'을 누리고, 그 여호와 하나님을 찬양하도록 초대하고 있다. 그러므로 여호와 하나님께서 이스라엘 백성들에게 베푸신 구원과 사랑이 결국 모든 민족들에게도 확대될 것이라는 비전을 바라보면서 우리는 땅 끝까지 복음을 전해야 한다. 여호와 하나님의 크신 사랑과 영원한 사랑을 세계 모든 나라와 백성들에게 전파해야 한다.

여호와께 감사하라. 그는 선하시고 그의 사랑은 영원하다.
O give thanks unto the Lord; for he is good: because his mercy endureth for
ever.
시편 118:1

02

여호와께 감사하라

02 여호와께 감사하라

성경 : 시편 118 : 1 - 4

> **서론** 성경에서 제일 중요한 핵심이 무엇인가? 성경 전체의 핵심 사상이 무엇인가? 그 중요한 중심이 무엇인가? 그것은 바로 예수 그리스도이다. 예수 그리스도는 성경의 핵심이요, 중요한 진리이다. 뿐만 아니라, 예수 그리스도는 우리의 신앙의 핵심이요, 중심이다. 예수 그리스도를 빼고 나면 아무것도 아니다. 예수 그리스도가 중심 될 때 의미가 있다. 그래서 성경 전체를 두 부분으로 나누면 구약성경은 오실 예수 그리스도를 말씀하고, 신약성경은 오신 예수 그리스도, 다시 오실 예수 그리스도를 말씀하고 있다(요 5:39, 46). 예수 그리스도가 중심이다.

1) 성경 전체의 중심에서 가르치는 것은 무엇인가?

성경 전체 절의 중간에서는 무엇을 말씀하고 있는가? 성경 전체의 한가운데가 어디냐는 것이다. 그 중심 구절이 바로 시편 103:1-2이다. 그런데 놀라운 것은 시편 103편 바로 앞에 시편 102편이 기록되어 있는데, 시편 102편에서 시온의 회복을 위해서 기도하고 있다는 점이다(시 102:13-14, 16, 21). 마치 성경 전체의 마지막 부분인 요한계시록에서 새 하늘과 새 땅, 새 창조의 회복을 바라는 것과 같다. 그리고 시편 104편은 천지 창조에 대해서 송축하고 있다. 마치 성경 전체의 처음 부분인 창세기의 천지 창조와 같다.

2) 따라서 시편 102-104편은 성경 전체의 역순서로 되어 있다.

원래는 천지 창조와 시온 회복의 순서로 되어 있어야 하는데, 시온 회복과 천지 창조로 그 순서를 바꾸어 놓고 있다. 그 중심에 시편 103편이 있다. 이것은 시온의 회복을 바라는 자들이 어떻게 살아야 하고, 그렇게 살아야 할 이유가 무엇인지를 말씀해 주시는 것이다. 한마디로 '여호와를 송축하라'는 것이다. '내 영혼아 여호와를 송축하라'는 것이다. '내 속에 있는 것들아 여호와를 송축하라'는 것이다. '여호와의 천사들'과 '모든 천군'과 '모든 곳에 있는 너희가' 여호와를 송축하라는 것이다. 여호와는 인자하심이 풍부하시고, 크시고, 영원하시기 때문이다. 여호와의 헤세드 때문이다. 그 헤세드를 베푸시는 여호와는 하늘 보좌에서 통치하시는 왕이시고 만유의 주가 되시기 때문이다. 이것을 도표로 보면 다음과 같다.

시편 102편	시편 103편	시편 104편
시온의 회복 간청	여호와를 송축하라	천지의 창조 섭리

3) 그리고 성경 전체의 또 다른 중심에서 가르치는 것은 무엇인가?

성경은 총 1,189장으로 구성되어 있다. 구약성경이 929장이다. 신약성경이 260장이다. 그 중앙에 있는 장은 594-595번째 장이다(율법서 187장 + 역사서 249장 + 욥기 40장 + 시편 118편). 따라서 성경 전체 장의 중심, 중앙은 바로 시편 118편이다. 왜냐하면 넓게 보면 성경 전체 구절의 중심이 시편 118:18이기 때문이다.

4) 또한 시편 118편은 가장 짧은 장인 시편 117편과 가장 긴 장인 시편 119편의 중심에 있다.

시편 117편은 성경 전체의 장 중에서 가장 짧은 장으로 단 2절로 되어 있다. 가장 짧지만 결코 간과할 수 없는 소중한 구절이다. 로마서 15:11에서도 인용하고 있듯이 시편 117편은 모든 나라, 모든 백성도 여호와를 경외하는 자와 같이 하나님의 행사를 보고 그분의 인자를 찬양하도록 촉구하고 있다. 그런데 반해 시편 119편은 성경 전체의 장 중에서 가장 긴 장으로서 176절로 되어 있다. 이러한 중심에 시편 118편이 있다. 따라서 시편 118편은 성경 전체의 정중앙에 위치해 있을 뿐만 아니라 하나님의 아니라 하나님의 계시의 집대성인 성경 전체의 축약판이라고 할 수 있다. 그래서 마틴 루터는 시편 118편을 가리켜 '내가 가장 사랑하는 시편'이라면서 '이 시편이 나를 수많은 환난에서 건져내었고, 나에게 큰 힘을 주었다'라고 고백했다. 이것을 도표로 보면 다음과 같다.

시편 117편	시편 118편	시편 119편
성경에서 가장 짧은 장	성경에서 가장 중심 장	성경에서 가장 긴 장

5) 뿐만 아니라 시편 113-117(118)편은 출애굽 할렐시이다.

출애굽 할렐시가 여기에 기록된 것은 열국의 지배를 받고 있는 바벨론 포로 후기의 상황이 과거 애굽의 지배를 받았던 이스라엘의 상황과 비슷하기 때문이다. 그래서 시편 113-117(118)편은 과거에 하나님이 출애굽을 통해 이스라엘을 구원해 주셨듯이 포로 후기 공동체에게 또 다른 출애굽의 은혜를 베풀어 주실 것을 기원하고 있다. 더 나아가서 출애굽 할렐시는 출애굽의 이상이었던 하나님의 나라의 완성을 간구하는 뜻을 담고 있다(시 114편). 출애굽 할렐시는 유월절을 기념하며 불렀던 노래다. 그것은 신약에서 유월절을 기념할 때 찬송하며 감람산으로 올라갔다는 기록에서도 엿볼 수 있다(마 26:30, 막 14:26). 시편 110편은 메시아 출현을 예표하는 제왕시이고, 시편 118편도 메시아를 암시하는 시이다(시 118:26의 '여호와의 이름으로 오는 자가 복이 있음이여'). 이렇게 시편 110-118편은 메시아라는 틀로 서로 수미쌍관(inclusio)을 이루고 있다. 이러한 시편 110-118은 시편 제5권 중에 두 번째 단락으로 다시 시편 110-112편과 113-118편으로 나뉘는 이중적 구조를 가지고 있다. 그 중에 시편 111-113편은 할렐루야 제목 시편이고, 그 중간에 시편 114편이 있으며, 그 다음 시편 115-117편은 할렐루야 끝장 시편이고, 그 다음에 시편 118편이 있다. 그 핵심은 하나님이 메시아를 보내어 그로 하여금 시편 108-109편에서 대적자로 제시된 열국을 물리치게 하시고 백성에게 땅을 차지하는 복을 내려 주실 것이라는 약속을 하고 있다(시 110:5, 111:6, 113:4, 114:1, 115:2, 16, 117:1,

118:10). 여기서 결국 열국과 땅을 차지하는 복은 여호와를 경외하는 자가 누리게 될 것이라는 것이다(시 111:5, 10, 112:1, 115:11, 13, 118:4). 바벨론 포로 후기 고난에 처한 공동체에게 종말에 출현할 메시아를 통해 땅의 축복을 받게 될 것을 약속함으로써 지속적으로 마음에 율법을 새기는 여호와를 경외하는 자의 삶을 촉구하고 있다. 이러한 출애굽 할렐 시의 결론으로 시편 118편은 과거의 은혜를 근거로, 열국을 정복케 해달라고 호소하고 있다. 그래서 결국 시편 118편은 여호와의 이름으로 오는 자인 메시아의 출현을 내다보고 메시아를 통해 열국이 정복될 것이라는 희망을 제시하고 있다(시 118:26, 마 21:9, 23:39). 이것을 도표로 보면 다음과 같다.

시편 111-113편	시편 114편	시편 115-117편	시편 118편
할렐루야 제목 시편		할렐루야 끝장 시편	

6) 그리고 시편 119편은 율법시로서, 시편 제5권의 중심 축이다.

시편 제5권의 핵심이라고도 할 수 있다. 시편 119편은 계속해서 마음에 율법을 새길 것을 강조하고 있다. 시편 119편을 앞의 시편 110-118편과 관련하여 생각하면 땅을 차지하는 축복이 여호와를 경외하여 마음에 율법을 새긴 자에게 임하는 점을 더욱 강조하고 있다. 이러한 시편 119편 다음에 시편 120-134편은 시온의 순례시로서 성전에 올라가는 노래이다. 시편 119편과 시편 120-134편의 연결을 통해서 율법을 마음에 새긴 자에게 시온의 축복이 주어진다는 것이다. 즉 시온의 축복이 마음에 율법을 새긴 자에게 주어진다는 것이다. 마치 시편 1편과 2편이 율법과 시온을 함께 언급하는 것과 같이 시온의 복을 위해서 마음에 율법을 새기라는 것이다. 그런데 엄밀한 의미에서 시온 순례시는 성전 순례에 관련된 노래라기보다 제2의 출애굽을 통해 바벨론에서 시온으로 돌아오게 하신 하나님을 찬양하고 있다. 더욱이 시편 120-134편은 열국의 지배로 인해 계속 포로 생활을 이어가는 포로 후기 공동체에게 하나님이 제3의 출애굽의 은혜를 베풀어 주실 것을 기원하는 신학적 의미도 함축되어 있다. 이런 점에서 시온 순례시는 또 다른 출애굽의 은혜를 간구하는 출애굽 할렐시(시 113-118)와 평행을 이루고 있다. 참고로 시편 111-112편은 시편 135-136편처럼 하나님을 찬양하는 쌍둥이시이다. 더욱이 시편 111-112편은 출애굽 할렐시(시 113-118편) 앞에 기록된 것인데 반해 시편 135-136편은 시온 순례시(시 120-134편) 뒤에 기록되어 있다. 시편 120-137편은 시편 119편 뒤에 위치하여 마음에 율법을 새긴 자가 시온에서 하나님이 베푸시는 복들(평강, 보호, 수고한 대로 먹음, 자식의 축복, 가정과 공동체의 번영)을 누리게 될 것을 찬양하고 있다(시 12:6, 122:8-9, 127:1-3, 128:2-3). 이렇게 정경적 배열을 하고 있다.

7) 이어서 시편 119편에서 땅의 축복을 누리기 위해서 공동체는 지속적으로 마음에 율법을 새기도록 말씀하고 있다.

율법이 공동체의 길을 밝은 빛으로 인도하고, 행실을 바르게 해 주며, 무엇보다 하나님의 사랑을 깨닫게 해 주어 하나님과의 교제의 기쁨을 누리도록 해 준다는 것이다. 이러한 시편 119편 뒤 시편

120-134편의 '성전에 올라가는 노래'를 통해서 마음에 율법을 새긴 자가 시온에서 하나님이 베푸시는 복들 즉 평강, 보호, 수고한 대로 먹음, 자식의 축복, 가정과 공동체의 번영 등을 누리게 될 것을 노래하고 있다(시 121:6, 122:8-9, 127:1-3, 128:2-3). 이러한 연결은 결국 시온에서 하나님의 통치라는 축복을 받기 위해서는 적어도 율법에 순종해야 한다는 것이다. 시온은 나중에 온 세상의 중심으로 나타날 것이기 때문에, 시온의 복은 종말에 땅을 차지하는 복으로 이어질 것이라고 한다(시 125:3). 이를 위해서 하나님은 종말에 메시아를 보내어 열국으로 대변되는 대적자를 물리치고 시온에서 공동체에게 땅을 차지하는 축복을 허락하실 것이다(시 132:17-18). 메시아를 통해 대적자를 물리치신다는 점에서 시편 120-137은 메시아를 통해 열국을 물리쳐 주실 것을 예언한 시편 110-118편과 서로 평행을 이루고 있다(시 110:1, 5, 118:26). 이것을 도표로 나타내면 다음과 같다.

시 113-117편	시 118편	시 119편	시 120-134편	시 135-137편
출애굽	출애굽 / 시온(성전)	율법	시온(성전)	출애굽
할렐루야	감사하라	토라	성전에 올라감	할렐루야/ 감사하라
유월절		오순절	장막절	

8) 이것은 성경 전체를 요약해서 그대로 말씀하고 있는 것이다.

성경에 기록된 그대로 출애굽과 시온의 순서로 기록하고 있다. 다시 말하면 시편 118편과 119편을 중심으로 '출애굽의 하나님'과 '시온의 하나님'을 주제로 하여 말씀하고 있다. '출애굽의 하나님'이란 출애굽 사건을 배경으로 위기 가운데 빠졌던 자신의 백성을 구원하신 하나님을 가리키고 있다. 반면 '시온의 하나님'이란 자신이 구원한 백성을 시온에서 축복하시는 하나님을 가리키고 있다. 여기서 특히 시편 113-117편은 위기에 처한 자신의 백성을 구원하시는 하나님의 능력에 초점을 맞추고 있다. 특히 시편 113-117편은 출애굽의 할렐시로서 출애굽 하게 하신 하나님을 강조하고 있다. 따라서 시편 118편은 출애굽 할렐시의 결론격이다. 그리고 시편 119편은 시온의 순례시의 서론격이다. 이어서 시편 120-134편도 위기에 처한 자신의 백성을 구원하시는 하나님의 능력에 초점을 맞추고 있다. 특히 시편 120-134편은 성전으로 올라가는 노래들로서, '시온'(예루살렘)에서 여호와의 영원하신 복이 흘러나온다고 말씀하고 있다. 그러면서 그 중간에서 시편 118편과 시편 119편은 출애굽을 통해서 구원을 받은 자가 어떻게 해야 하는지를 말씀하고 있다. 시편 118편은 여호와께 감사하라는 것이다. 그리고 시편 119편은 마음에 율법을 새기라는 것이다. 그렇게 하는 자에게 시온의 축복을 누리게 하신다는 것이다. 이것을 좀 더 요약해서 도표로 나타내면 다음과 같다.

시편 113-117편	시편 118편	시편 119편	시편 120-134편
출애굽 할렐시	감사하라(감사시)	토라(율법시)	시온의 순례시

9) 그 중에 시편 116편은 여호와의 구원자이심을 찬양하고 있다.

특별히 시편 116편 앞 부분에서 출애굽 사건을 언급하면서 여호와의 구원하심을 찬양하고 있다. 이렇게 시편 116편에서 시인은 위기 상황 즉 '사망의 줄이 나를 두르고 스올의 고통이 내게 있으므로 내가 환난과 슬픔을 만났을 때'(시 116:3)라고 하면서 구원해 주실 것을 간구하고 있다(시 116:1-2). 감사하게도 여호와는 이와 같은 시인의 기도를 들으시고 그를 구원하신다(시 116:4-6, 8-11, 15-16). 이렇게 시편 116편은 여호와를 '구원의 하나님'으로 찬양하고 있다. 반면 시편 117편은 여호와를 '모든 나라들의 하나님'으로 높여드리고 있다. 구원에 대한 감사 찬양을 드릴 의무는 언약 백성에만 국한되는 것이 아니라, 세상의 모든 나라와 백성도 거기에 동참해야 한다는 것이다(시 117:1-2). 이러한 시편 117편을 바울은 로마서 15:11에서 인용하고 있다. 모든 곳에 사는 모든 사람은 여호와의 신실하시고 인자하심으로 인해 그분을 찬양해야 한다는 것이다. 그리고 나서 시편 118편에서 시인은 그와 같은 구원을 베푸신 여호와 하나님께 어떻게 해야 하는지를 말씀하고 있다. 다시 말하면 그의 구원을 경험한 자들이 마땅히 가져야 할 자세에 대해서 말씀하고 있다. 즉 언약의 공동체가 보여야 할 바람직한 반응을 말씀하고 있다. 그 첫 마디가 '여호와께 감사하라'는 것이다.

1. 여호와께 감사하라는 명령이다.

1) 시편 118편은 표제가 없다. 시편 150편 가운데 표제가 없는 34편 중 하나이다. 따라서 누가, 언제 지었는지 알 수 없다. 그래서 여기에 대해서 다양한 견해가 있다. 첫 번째 견해는 다윗과의 관련이다. 두 번째 견해는 바벨론 포로와의 관련이다. 이러한 견해에 대해서 시편 118편은 일부 내용이 이들의 상황과 조화되는 측면이 있어, 고려해 볼 여지는 있으나, 확증하기는 대단히 어렵다. 다만 시편 118편의 전반적인 내용은 극한 고난과 속박 가운데서 구원을 체험한 시인이 그 구원에 대해서 어떻게 해야 할지를 분명히 말씀하고 있다.

2) 그 첫 마디가 무엇인가? 시편 118:1에서 "여호와께 감사하라 그는 선하시며 그의 인자하심이 영원함이로다"라고 한다. 시인은 그 구원을 감사하고, 더 큰 구원을 내다보면서 여호와께 감사하라고 한다. 뿐만 아니라 시편 118:29에서도 "여호와께 감사하라 그는 선하시며 그의 인자하심이 영원함이로다"라고 한다. 처음과 마지막에 반복을 하면서 서로 수미쌍관(inclusio)을 이루고 있다. 시편 118편은 처음과 끝에서 모두 그것도 2인칭 복수 명령형으로 '여호와께 감사하라'고 한다. 여기 감사하라는 말씀은 손을 쭉 뻗는다는 의미를 가지고 있다. 히브리인들은 하나님께 찬양을 하거나 기도할 때 손을 쭉 뻗는 경우가 있다. 이러한 자세를 취하는 경우는 감사할 때, 고백할 때, 찬양할 때, 자복할 때, 인정할 때 하는 행동이다. 그래서 감사하라는 말씀은 찬양하라, 인정하라, 고백하라, 예

배하라 등으로 얼마든지 번역할 수 있다. 구원 받은 자가 제일 먼저 취해야 할 행동은 바로 여호와께 감사하는 것이다.

3) 그러면서 접속사 '키'로 연결되면서 여호와께 감사해야 할 이유에 대해서 말씀하고 있다. 그것도 '키'가 두 번이나 사용되면서 반복되고 있다. 이처럼 '키'를 반복하는 것은 여호와께 감사해야 할 이유를 거듭 강조하기 위함이다. 먼저 시인은 여호와께 감사해야 할 이유를 그분의 '선하심'에서 찾고 있다. '그는 선하시며'라고 한다. '토브'라는 단어를 사용하고 있다. '토브'는 하나님이 천지를 창조하실 때에 '하나님 보시기에 좋았더라'는 말씀과 같은 단어이다. 이것은 하나님의 성품 자체를 나타내는 것으로도 이해할 수 있지만, 하나님께서 친히 창조하신 모든 피조물에게 언제나 좋은 것으로 베풀어 주시는 분이라는 점을 강조하고 있다. 특히 하나님이 택하신 언약 백성에 대해 한결같은 선으로 충족시켜 주시는 분이라는 것이다. 그래서 시인은 이러한 여호와 하나님의 선한 속성때문에 여호와께 감사하라고 한다.

4) 그 다음으로 시인이 강조하는 여호와께 감사해야 할 이유는 '그의 인자하심이 영원하다'는 것이다. 여기 '그의 인자하심'에서 '인자'는 헤세드이다. '헤세드'는 하나님께서 친히 택하신 하나님의 백성에 대하여 한결같이 베푸시는 언약에 입각한 사랑을 의미하는 것이다. 그리고 시인은 '그의 인자하심'이 영원하다고 한다. 영원함, 지속됨, 영원 무궁하다, 계속 이어지고 있다는 것을 강조하고 있다. 그것도 시편 118:1-4까지 각 구절 끝에 후렴구처럼 계속 반복하고

있다. 마지막 시편 118:29에서도 또 한 번 반복하면서 무려 다섯 번이나 기록하고 있다. 영원하신 하나님의 헤세드의 수혜자는 마땅이 여호와께 감사해야 한다는 것이다. 여호와 하나님이 찬양과 감사를 받아야 할 이유는 바로 하나님의 무한하신 '헤세드'에 있음을 강조하고 있다. 한마디로 여호와의 선하심과 인자하심이 영원한 것을 감사하라는 것이다. 찬양하라는 것이다. 인정하고, 고백하며, 예배하라는 것이다.

2. 여호와께 감사하라는 대상(주체)이다.

1) 시편 118:2-4에서는 "이제 …은 말하기를 그의 인자하심이 영원하다 할지로다"라는 정형적인 문장이 계속 반복되고 있다. 그런데 문제는 여기 계속되는 '키'라는 접속사이다. 접속사 '키'에 대하여 크게 두 가지 견해가 있다. 하나는 '키'를 명사절을 이끄는 접속사로 보는 것이다. 다른 하나는 '키'를 이유를 나타내는 접속사로 보는 것이다. 문법적으로 이 두 견해가 모두 가능하지만, 전자의 견해가 더 합당한 것 같다.

2) 그리고 '이제'로 번역된 '나' 역시 계속 반복되면서 지금 당장 말할 것을 촉구하는 시간적 의미를 지니고 있다. 그러나 또한 제발, 꼭, 바라건대, 청하건대 등과 같이 소원과 요구의 강조로도 이해할 수 있다. 제발, 이제는 말하라는 것이다. 누구를 향해서 말하라는 것인가? 여호와의 인자하심을 말하라는 것이다. 누가 말하라는 것

인가? 누가 여호와의 인자하심 때문에 여호와께 감사하라고 말하라는 것인가? 그 대상, 그 주체가 무엇인가? 크게 세 가지로 말씀하고 있다.

3) 첫째, 이스라엘이다. 시편 118:2에서 제일 먼저 여호와께 감사하라, 그의 인자하심이 영원하다는 것을 말하라는 것이다. 그 감사의 주체, 찬양의 주체는 '이스라엘'이다. 이스라엘이 누구인가? 이스라엘은 하나님께서 친히 택하신 백성이다. 하나님께서 사랑하시는 백성이다. 하나님께서 인자를 베푸신 백성이다. 그래서 애굽의 압제로부터 해방시키사 구원을 베푸신 백성이다. 뿐만 아니라, 이스라엘은 가나안 땅을 기업으로 누리게 되었으며, 무수한 하나님의 은혜와 축복, 한결같은 하나님의 사랑과 인도를 받아 누린 자들이다. 그야말로 하나님의 '토브' 즉 그의 선하심이 무엇인지를 몸소 체험한 자들이다. 따라서 이러한 이스라엘을 향한 시인의 감사의 촉구, 찬양의 촉구는 너무나 당연한 것이다.

4) 둘째, 아론이다. 시편 118:2에서는 이스라엘 백성들 전체를 향하여 여호와 하나님의 인자하심이 영원하다는 사실을 선언하도록 권고하였다. 이제 시편 118:3에서는 그 대상을 보다 한정시켜 '아론의 집'이라고 한다. 여기 '아론의 집'은 레위 자손으로 아므람과 요게벳의 아들이며 모세의 형이었던 아론을 가리키는 것이다(출 6:16-20). 아론은 첫 번째 대제사장이다(출 28:1). 그리고 그의 자손들도 제사장의 직분을 물려받게 되었다. 따라서 '아론의 집'은 하나님의 백성 이스라엘 가운데서도 특별히 선택되어 여호와 하

나님을 섬기기 위해서 제사장의 직분을 맡은 성전의 수종자, 예배를 이끌어 나가야 하는 자들이다. 여호와의 진리를 고수하고 그 진리에 대한 믿음을 지키도록 임무를 부여받은 자들이다. 여호와 하나님을 성전에서 섬기는 자들이다. 아마 이들은 여호와의 인자하심에 대해 진정으로 감사하고 찬양하는 데 모든 이스라엘 백성들의 모범이 되어야 하기 때문에 특별히 말씀하는 것 같다. 아론의 집은 여호와께 감사하라는 명령에 본이 되어야 했기 때문이다.

5) 셋째, 여호와를 경외하는 자이다. 시편 118:2에서는 '이스라엘'을, 시편 118:3에서는 '아론의 집'을 향하여 여호와의 인자하심을 찬양하기를 촉구한 시인이 이제 시편 118:4에서는 '여호와를 경외하는 자'를 향하여 여호와께 감사와 찬양을 드리도록 권고하고 있다. 이것은 '이스라엘'이라는 혈통이나 혹은 '아론의 집'과 같은 특정 계층뿐만 아니라, 이제는 근본적으로 여호와를 경외하는 자는 모두 여호와께 대한 찬양과 감사에 참여해야 함을 말씀하고 있다. 정말 하나님을 존경하고 두려워하는 자들은 반드시 여호와께 감사해야 한다는 것이다. 그의 인자하심이 영원하다는 것을 말해야 한다는 것이다. 이것을 시편 117편과 연결시킨다면, '너희 모든 나라들아 여호와를 찬양하며 너희 모든 백성들아 그를 찬송할지어다'라고 했다. 이것을 바울은 로마서 15:11에서 인용하고 있다. 따라서 여기 '여호와를 경외하는 자'는 혈통적 이스라엘만을 의미하는 것이 아니라, 혈통적으로 이방인이나 여호와 신앙을 받아들인 개종자들까지도 다 포함하는 것이다(행 10:22). 이러한 견해를 받아

들이면 시인은 이스라엘뿐만 아니라, 모든 이방인들까지 여호와를 경외하는 자들이라면 누구든지 그의 인자하심이 영원하다는 것을 말해야 한다는 것이다. 여호와께 감사해야 한다는 것이다. 이렇게 시편 118:2-4은 '그의 인자하심이 영원하다'는 후렴구를 통해서, 여호와께 감사와 찬양을 해야 할 자들을 3중적으로 말씀하고 있다. '이스라엘'과 '아론의 집'과 '여호와를 경외하는 자'라고 한다.

결론 시편은 총 제5권으로 구성되어 있다. 마치 모세오경과 같이 이루어져 있다. 그 중에 제5권은 크게 두 부분으로 나누어 지고 있다. 시편 107-145편과 할렐루야 시편으로 불리는 146-150편으로 구성되어 있다. 그 중에 시편 146-150편은 시편 전체의 결론이라 할 수 있다. 시편 1-2편의 서론과 대칭을 이루는 결론이라고 할 수 있다. 이러한 시편 제5권은 바벨론 포로 후기 배경에서 읽도록 유도하고 있다. 그것은 시편 제5권의 서두인 시편 107편이 하나님께서 포로로 잡혀간 백성들을 다시 모으셨다는 말씀으로 시작하기 때문이다(시 107:3). 실제로 제5권에는 포로 후기의 상황을 직접적으로 말씀하는 시들이 있다(시 126편, 136-137편 등). 이러한 시편 제5권의 핵심 주제는 하나님의 인자(인애)이다. 그래서 시편 제5권의 서두와 말미에 하나님의 인자(인애)를 부각시켜(시 107:8-9, 20, 41, 145:8, 17) 수미쌍관(inclusio) 구조를 형성하고 있다. 또한 시편 107편이 지혜를 언급하면서 시작하고(시 107:43), 시편 145편이 여호와의 경외라는 지혜 사상으로 끝을 맺으면서(시 145:19-20) 수미쌍관(inclusio) 구조를 이루고 있다.

1) 이처럼 시편 제5권이 또다시 하나님의 인자(인애)를 강조하는 이유
는 공동체가 고난 가운데서 계속적으로 인애와 공의와 의를 행하
기 위해서는 무엇보다 하나님의 인애를 깨닫고 그것을 바라는 자
세가 필요하기 때문이다. 이러한 하나님의 인애를 체험하는 사람
들을 궁핍한 자, 또는 가난한 자로 부르고 있다(시 17:41, 109:31,
149:4). 이것은 하나님의 인애를 계속해서 깨닫고 바라기 위해서
는 공동체 스스로 자신이 아무것도 아니라는 가난한 자의 의식을
항상 가져야 한다는 것을 의미한다. 이렇게 가난한 자가 될 때, 하
나님의 사랑인 인애를 진정으로 체험하고 감격하여, 자신도 이웃
에게 사랑을 베풀 수 있다는 논리이다. 이렇게 가난한 자가 인애
와 공의와 의를 행한다는 것은 마음에 율법을 새기는 모습을 뜻하
는 것이다. 그러기에 제5권은 마음이라는 단어를 크게 부각시키
고(시 108:1, 111:1, 138:1, 139:23, 141:4, 143:4), 계속해서 마음에
율법을 새길 것을 강조하고 있다. 특별히 제5권의 중앙에 위치한
시편 119편은 마음에 율법을 새긴다는 표현을 자주 사용하여(시
119:11, 34, 97, 161 참조), 탄식의 상황에 있는 공동체들에게 마음
판에 계속해서 율법을 새길 것을 강조하고 있다. 이런 점에서 제5
권은 마음에 율법을 새길 것을 강조하는 제1권의 말씀을 반복하고
있다(1편과 112편 비교).

2) 또한 시편 제5권은 탄식의 상황에 있는 공동체에게 하나님 나라의
완성을 바라보도록 유도하고 있다(시 144:5, 145:11-13). 그래서 제
5권은 마지막 시편 144:5에서 하나님 나라가 임하기를 기원하고

있다(시 144:5). 더 나아가 시편 145:13에서 하나님 나라의 영원성을 강조하고 하나님 나라의 완성을 신뢰하고 대망할 것을 강조하고 있다. 이렇게 시편 제5권은 이런 하나님 나라의 완성이 구체적으로 메시아가 오심으로써 이루어질 것을 내다보고 있다. 예를 들어 시편 118:26에서 종말에 대적자를 물리치는 메시아의 출현을 암시하고 있다. 실제로 이 말씀은 신약에서 예수님의 오심으로 성취되었다(요 12:13, 마 21:9, 23:39). 또한 시편 132:17에서 종말에 다윗의 자손인 메시아가 오게 될 것을 예언하고 있다. 누가복음은 이 시편의 말씀을 예수 그리스도에게 적용시켜 선언하고 있다(눅 1:69). 특별히 시편 110편은 메시아가 오게 되면 악인은 멸망하고 성도가 땅을 차지하게 될 것이라고 약속하고 있다(시 110:5, 111:6). 메시아로 인해 대적자들이 사라지고 그 자리에서 하나님 나라가 완성될 것이라는 예언을 하고 있다. 결국 시편 제5권은 고난에 처한 공동체에게 계속해서 마음에 율법을 새길 것을 독려하면서, 메시아를 통해 이루어지는 하나님 나라에 대한 소망을 가지고 고난을 이길 것을 강조하고 있다. 이러한 시편 107-145편의 구조는 다음과 같다.

- A 시편 107편(서론) - 지혜 있는 자는 여호와의 인자하심을 깨
  달으라(시 107:43)

- B 시편 108-110편 - 다윗의 시

- C 시편 111-118편 - 온 열국과 만물을 다스리시는 하나님

- D 시편 119편 - 율법시 : 마음에 율법을 새김

- C' 시편 120-137편 - 시온에서 다스리시는 하나님

- B' 시편 138-144편 – 다윗의 시
- A' 시편 145편(결론) – 왕이신 여호와의 인자하심을 찬양하라
  (시 145:1, 8, 11-13)
- 후렴 : 시편 146-150편 – 찬양

3) 이러한 시편 제5권의 중심 축은 시편 119편이다. 제5권의 핵심이 시편 119편이다. 시편 119편이 시온 순례시(시 120-134편) 앞에 배치되어 계속해서 마음에 율법을 새길 것을 강조하고 있다. 앞서 시편 1-2편이 율법과 시온을 함께 언급하고 시온의 복을 위해 마음에 율법을 새기라고 강조하였는데 시편 119편도 시편 120-134편과 묶여 시온의 축복이 마음에 율법을 새긴 자에게 주어진다는 신학적 중요성을 강조하고 있다. 그런데 시편 제5권에는 두 그룹의 다윗의 시가 있다(시 108-110편, 138-145편). 첫 번째 그룹은 시편 108-110편으로, 여기서 다윗은 시편 107:39-42의 교훈에 귀 기울이는 지혜로운 사람(시 107:43)으로 그려지고 있다. 시편 108:1에서 다윗은 자신의 마음이 정해졌음을 고백하고 있다. 그리고 두 번째 그룹은 시편 138-145편이다. 여기서도 다윗은 모범적인 인물로 묘사되고 있다. 시편 138편에서 다윗의 모습은 시편 108편처럼 마음을 정한 자의 전형적인 모델로 제시되고 있다. 시편 138:1에서 '내가 전심으로 주께 감사하며'라고 한다. 이런 점에서 시편 108-110편은 시편 138-145편과 평행을 이루고 있다.

4) 시편 113-118편은 출애굽 할렐시이다. 출애굽 할렐시가 제5권 안에 위치한 것은 이스라엘의 상황이 출애굽 때와 비슷하기 때문이

다. 그래서 시편 113-118편은 과거에 하나님이 출애굽을 통해 이스라엘을 구원해 주셨듯이, 포로 후기 공동체에게 또 다른 출애굽의 은혜를 베풀어 주실 것을 기원하는 것이다. 더 나아가 출애굽 할렐시는 출애굽의 이상이었던 하나님 나라의 완성을 간구한다는 뜻을 담고 있다(시 114편, 135-136편 참조). 그리고 시편 120-134편은 시온 순례시로서 성전에 올라가는 노래이다. 하지만 엄밀한 의미에서 시온 순례시는 성전 순례에 관련된 노래라기보다 제2의 출애굽을 통해 바벨론에서 시온으로 돌아오게 하신 하나님을 찬양하는 노래이다. 출바벨론이다. 더욱이 시편 120-134편은 열국의 지배로 인해 계속 포로 생활을 이어가는 포로 후기 공동체에게 하나님이 제3의 출애굽의 은혜를 베풀어 주실 것을 기원하는 신학적 의미도 함축되어 있다. 이런 점에서 시온 순례시는 또 다른 출애굽의 은혜를 간구하는 출애굽 할렐시와 평행을 이루고 있다. 참고로 시편 111-112편은 시편 135-136편처럼 하나님을 찬양하는 쌍둥이 시이다. 시편 111-112편은 출애굽 할렐시(시 113-118편) 앞에 정경적 배열이 되고 있는 것과 같이 시편 135-136편도 비슷하게 시온 순례시(시 120-134편) 뒤에 정경적 배열이 이루어지고 있다. 이렇게 흥미로운 것은 시편 113-118편이 출애굽의 구원을 떠올리게 한다면, 율법시인 시편 119편은 시내산에서 율법을 받는 장면을 연상시키고 있다. 그리고 시온 순례시인 시편 120-134편은 광야의 노정을 끝내고 시온에 도착하는 장면으로 풀이될 수 있다. 이런 점에서 시편 제5권의 내용은 출애굽 사건, 시내산에서의 율법 수여 그리고 시온(예루살렘)으로의 입성이라는 역사적 사건의 흐름에 따라 전개되는 모양새를 갖고 있다. 이것을 도표로 나타나면 다음과 같다.

시편 113-118편	시편 119편	시편 120-134편
출애굽 할렐시	율법시	시온의 할렐 시
출애굽의 구원	시내산	광야에서 시온에 도착
유월절	오순절	장막절

5) 이렇게 양쪽에 위치한 다윗의 시 안쪽으로 시편 111-118편과 시편 120-136편의 두 단락이 배열되어 있다. 이 두 단락은 '출애굽의 하나님'과 '시온의 하나님'이 주제로 이루어져 있다. '출애굽의 하나님'이란 출애굽 사건을 배경으로 위기 가운데 빠졌던 자신의 백성을 구원하신 하나님을 가리키고 있다. 반면 '시온의 하나님'이란 자신이 구원한 백성을 시온에서 축복하시는 하나님을 가리키고 있다. 여기서 특히 시편 111-117편(할렐루야 시편)은 위기에 처한 자신의 백성을 구원하시는 하나님의 능력에 초점을 맞추고 있다(시 113:7-9, 114:1-2, 115:3-11, 12-13, 116:4-8). 또한 시편 118편은 하나님의 도우심으로 전쟁에서 승리한 왕을 암시하고(시 118:5-18), 시온(성전)에서 그들을 축복하시는 하나님께 집중하고 있다(시 118:26). 시편 111-118편에는 여러 주제가 혼재하지만, 그 중에서도 인간을 신뢰하지 말고 여호와 하나님만 신뢰하라는 교훈이 강조되고 있다(시 112:7, 115:9-11, 118:8-9). 이어서 시편 120-136편도 위기에 처한 자신의 백성을 구원하시는 하나님의 능력에 초점을 맞추고 있다. 시편 120-134편은 성전으로 올라가는 노래들로, '시온'(예루살렘)에서 여호와의 영원하신 복이 흘러

나온다고 노래하면서 여호와가 없는 삶의 헛됨을 강조하고 있다 (시 127편). 또한 이어지는 시편 135-136편은 출애굽 모티브를 활용하면서 여호와의 능력(구원)을 의지하라고 노래한다(시 135:4, 9-14, 136:10-26). 이 단락도 시편 111-118편처럼 여호와만을 신뢰하라고 강조한다. 그리고 시편 제5권의 중심에는 율법의 탁월성을 강조하는 시편 119편이 있다. 이렇게 시편 제5권은 서두와 말미에 지혜(시 107:43과 145:19-20)가 둘러싸고 있고, 정중앙에는 율법을 강조하는 시편 119편이 정경적으로 배열되어 있다. 시편 119편을 중심으로 양쪽에는 '왕'과 관련된 내용이 자리를 잡고 있다(시 118:5-18, 120-134편, 특히 132편). 그 중 시편 118편은 하나님의 도우심으로 전쟁에서 승리한 '인간-왕'을 소개하고, 시편 132편은 여호와가 시온(예루살렘)에 임하셔서 '인간-왕'을 세우신다고 노래하고 있다. 이와 같은 패턴(왕-율법-왕)은 시편 제1권의 시편 18-21편에서도 발견할 수 있다(시편 18편은 왕, 시편 19편은 율법, 시편 20-21편은 왕). 즉 시편 제1권과 제5권의 중심에는 율법과 왕에 관한 시편이 전략적으로 정경적 배열이 되어있다. 이는 시편 전체가 '율법'과 '왕'이라는 주제를 얼마나 중요하게 여기는지를 잘 보여주고 있다.

6) 성경 전체를 장으로 구분해 보면, 그 중앙, 중심, 한가운데가 시편 118편이다. 시편 118편 앞에 있는 시편 117편은 단 2절로 이루어진 성경에서 가장 짧은 장이다. 그리고 시편 118편 뒤에 있는 시편 119편은 176절로 이루어진 성경에서 가장 긴 장이다. 성경 전체

의 장을 중심으로 그 중앙에 시편 118편이 있다. 시편 118편은 절을 좀 더 넓게 다른 것까지 다 포함하여 생각하면 성경 전체 절의 중심이 되기도 한다(시 118:18). 이러한 시편 118편은 바로 앞에 성경의 가장 짧은 장인 단 2절로 이루어진 시편 117편이 있다. 그리고 시편 118편 바로 뒤에 성경의 가장 긴 장인 무려 176절로 이루어진 시편 119편이 있다. 그 중심에 시편 118편이 있다. 이것을 구조적으로 보면 다음과 같다.

시편 117편	시편 118편	시편 119편
성경에서 가장 짧은 장	성경에서 가장 중심 장 여호와께 감사하라	성경에서 가장 긴 장

7) 또한 시편 118편은 시편 113-117편의 결론 역할을 하고 있다. 뿐만 아니라 시편 119편과 함께 시편 120-134편의 서론 역할을 하고 있다. 이렇게 시편 118편 앞에는 시편 113-117편에 출애굽 할렐시가 기록되어 있고, 시편 118과 시편 119편 뒤에는 시편 120-134편에 시온의 순례시가 기록되어 있다. 출애굽의 하나님과 시온의 하나님이라는 주제로 서로 대조를 이루고 있다. 성경 전체의 흐름을 요약해서 그대로 말씀하고 있다. 그 중간에 있는 시편 118편과 시편 119편은 출애굽을 통해서 구원을 받은 자가 어떻게 해야 하는지를 말씀하고 있다. 한마디로 여호와께 감사하라는 것이다. 그리고 그 마음에 율법을 새기라는 것이다. 그렇게 하는 자에게 시온의 축복을 누리게 하신다는 것이다. 따라서 이러한 시편

118편과 시편 119편의 앞과 뒤에는 출애굽의 할렐시와 시온의 순
례시가 있다. 성경의 순서대로 정경적 배열을 그대로 하고 있다.
이것을 도표로 나타내면 다음과 같다.

시편 113-117편	시편 118편	시편 119편	시편 120-134편
출애굽	출애굽 / 시온(성전)	율법	시온(성전)
출애굽 할렐시	감사시	토라(율법시)	시온의 순례시

8) 성경 전체의 가르침 가운데 두 기둥과 같은 것이 있다. 하나는 시
편 103편을 통해서 말씀하는 '여호와를 송축하라'라는 것이다. 왜
여호와를 송축해야 하는가? 여호와의 인자하심이 풍부하시고, 크
시고, 영원하시기 때문이다. 또 다른 하나는 시편 118편을 통해서
말씀하는 '여호와께 감사하라'라는 것이다. 송축과 감사는 성경 전
체의 가르침 가운데 핵심 중의 핵심이다. 송축과 감사는 우리의 신
앙생활에 핵심적 가치이다.

　- 그럼 이제 시편 118편에서 왜 여호와께 감사하라고 하는가?
　두 가지로 말씀하고 있다. 그는 선하시기 때문이다. 또한 그의
　인자하심이 영원하기 때문이다. 엄청난 구원의 은혜를 받았기
　때문에 여호와께 감사해야 한다. 구원받기 위해 감사하는 것이
　아니라, 구원 받았기 때문에 여호와께 감사해야 한다.

　- 그럼 이제 누가 여호와께 감사해야 하는가? 첫째, 이스라엘이
　다. 둘째는 아론의 집이다. 셋째는 여호와를 경외하는 자이다.
　구원받은 모든 자들은 여호와께 감사해야 한다. 그의 인자하심

이 영원하기 때문이다.

- 그런데 감사가 쉽지 않다는 것이다. 항상 창조적 소수만이 감사한다는 사실이다. 바로 그 창조적 소수에서 내가 예외가 된 사람이 아니라, 그 창조적 소수 안에 항상 내가 포함 되어야 한다. 그 감사하는 사람에게 또 다른 은혜를 하나님께서 부어주시는 것이다. 그러므로 구원을 받은 우리는 어떻게 해야 하는가? 여호와께 감사해야 한다. 항상 감사해야 한다. 범사에 감사해야 한다.

내가 고통 가운데서 여호와께 부르짖었더니 그가 나에게 응답하시고
나를 자유롭게 하셨다.
I called upon the Lord in distress: the Lord answered me,
and set me in a large place.
시편 118:5

03

여호와는 내 편이시라

03 여호와는 내 편이시라

성경 : 시편 118 : 5 - 8

> **서론** 창세기 1-4장은 한마디로 '첫 창조와 타락'에 대해서 말
> 씀하고 있다. 그리고 성경 전체의 마지막 부분인 요한계
> 시록 19-22장은 한마디로 '심판과 새 창조'에 대해서 말
> 씀하고 있다. 처음과 마지막, 시작과 마침, 알파와 오메
> 가 되시는 하나님께서 처음 시작하신 하나님의 나라가
> 인간의 타락으로 엉망진창이 되었다. 그 엉망진창이 된
> 하나님의 나라를 알파와 오메가 되시며, 처음과 마지막
> 이 되시는 하나님께서 결국에는 다시 새롭게 완성하시고
> 있다. 이렇게 성경 전체는 하나의 멋진 조화와 통일성을
> 가지고 있다. 또한 66권으로 다양성도 함께 가지고 있다.

1) 성경 전체의 가르침의 중심이 무엇인가?

성경의 핵심이 무엇인가? 그것은 바로 예수 그리스도이다. 구약성
경은 오실 예수 그리스도를 말씀하고, 신약성경은 오신 예수 그리
스도, 다시 오실 예수 그리스도에 대해서 말씀하고 있다(요 5:39, 눅
24:44, 롬 14:8).

2) 성경 전체의 중심에서는 무엇을 가르치고 있는가?

성경 전체의 절의 중간, 한가운데서는 무엇을 가르치고 있는가? 성경 전체의 절 수는 물론 성경 역본들마다 조금씩 다르게 되어 있다. 하지만 그 한가운데는 시편 103편이라고 할 수 있다(시 103:1-2). 그런데 시편 102-104편은 성경 전체를 역순서로 기록하고 있다.

3) 원래는 천지 창조에서 시온 회복의 순서로 기록하는 것이 정경적 배열인데, 시편 102-104편은 시온 회복과 천지 창조의 순서를 바꾸어 놓았다.

이것은 시온의 회복을 바라는 자들이 어떻게 살아야 하고, 그렇게 살아야 할 이유가 무엇인지를 말씀해 주시려는 것이다. 그것은 한마디로 여호와를 송축하라는 것이다. 왜냐하면 여호와를 경외하는 자에게, 여호와의 율법과 법도를 지키고 행하는 자에게 여호와는 인자하시기 때문이다. 또한 여호와의 인자하심 즉 헤세드(חסד)는 크고, 영원하기 때문이다. 그러한 만유를 다스리는 통치자이신 여호와를 송축하라는 것이다. 천지를 창조하신 여호와 하나님을 송축하라는 것이다. 이것을 구조적으로 간단히 보면 다음과 같다.

시편 102편	시편 103편	시편 104편
시온의 회복 간청	여호와를 송축하라	천지의 창조 섭리

4) 성경 전체의 중심에서는 무엇을 가르치고 있는가? 성경 전체 장의 중앙, 한가운데서는 무엇을 가르치고 있는가?

성경 전체 장의 중앙, 한가운데는 바로 시편 118편이다. 그것은 시편 117-119편의 구성때문이다. 시편 117편은 성경 전체에서 가장 짧은 장이다. 단 2절이다. 그러나 시편 119편은 성경 전체에서 가장 긴 장이다. 무려 176절이다.

5) 뿐만 아니라, 시편 113-134편까지의 정경적 배열 때문이다.

시편 118편 앞의 시편 113-117편에는 출애굽의 할렐시가 기록되어 있다. 따라서 시편 113-117편의 출애굽 할렐시의 결론적 부분이 시편 118편이다. 그리고 시편 119편 뒤의 시편 120-134편에는 시온의 순례시가 기록되어 있다. 따라서 시편 120-134편의 성전에 올라가는 노래의 서론적 부분이 시편 119편이다. 시편 119편은 시편 제5권의 중심이며, 핵심이기도 하다.

6) 그러면서 시편 113-134편은 성경 전체의 순서 그대로 출애굽에서 시온으로 구성을 하고 있으며, 그 중심이 시편 118편과 시편 119편이다. 이것을 전체적으로 도표로 나타내면 다음과 같다.

시편 117편	시편 118편	시편 119편
성경에서 가장 짧은 장	성경에서 가장 중심 장 여호와께 감사하라	성경에서 가장 긴 장

시편 113-117편	시편 118편	시편 119편	시편 120-134편
출애굽 할렐시	감사하라(감사시)	토라(율법시)	시온의 순례시

7) 따라서 성경 전체의 중심에서 가르치는 것은, 먼저 전체 절의 중간인 시편 103편을 통해서는 시온의 회복을 바라보는 자, 즉 새 하늘과 새 땅, 거룩한 성 예루살렘을 바라보고 살아가는 자는 한마디로 '여호와를 송축하라'는 것이다.

단순히 여호와를 경외하라는 것뿐 아니라, 그의 언약을 지키고, 그 법도를 행하라고 한다. 왜냐하면 여호와의 인자하심이 크고, 영원하기 때문이다.

8) 그리고 전체 장의 중앙인 시편 118편을 통해서는 출애굽의 구원을 받는 자, 즉 예수 그리스도를 통해서 구원을 얻는 자, 새 생명을 얻는 자는 한마디로 '여호와께 감사하라'는 것이다.

여호와께 대한 예배적 삶과 신앙에 이어서 이제는 여호와께 대한 감사의 삶과 신앙을 말씀하고 있다(시 118:1-4).

9) 그러면서 시편 118:1에서 여호와께 감사해야 할 이유를 두 가지로 말씀했다.

하나는 그는 선하시기 때문이라는 것이다. 또 다른 하나는 그의 인자하심이 영원하기 때문이라는 것이다. 선하심과 인자하심 즉 헤세드(חסד)를 계속 강조하고 있다. 그리고 시편 118:2-4에서 여호와께 감사해야 할 대상을 크게 세 가지로 말씀했다. 첫째는 이스라엘이다. 둘째는 아론의 집이다. 셋째는 여호와를 경외하는 자이다. 왜냐하면 여호와의 인자하심이 영원하시기 때문이라는 것이다. 후렴구처럼 반복하면서 헤세드(חֶסֶד)를 계속 강조하고 있다. 어느 누구 하나 예외가 없이 모두가 여호와께 감사해야 한다는 것이다. 이제 좀 더 구체적으로 여호와께 감사해야 할 이유를 말씀하고 있다. 그것은 바로 여호와께서 내 편이시기 때문이라는 것이다(시 118:6, 7).

1. 내가 고통 중에 부르짖었더니 여호와께서 응답하셨다는 것이다.

1) 이제 시인은 시편 118:5이하에서 여호와의 영원한 인자하심에 대해 감사할 수밖에 없는 이유를 말씀하고 있다. 그것도 시인 자신의 체험과 간증의 형태로 감사 보고를 하고 있다. 그러면서 먼저 시인은 자신의 상황을 말씀하고 있다. 시인 자신이 처한 상황을 밝히고 있다. '내가 고통 중에…'라고 한다. 그들 때문에 당하는 고통이다(시 118:10-13, 17, 18).

2) 이러한 고통스러운 현실 가운데서 시인이 택한 방법은 오직 한 가지이다. 인간적인 여러 가지 방법의 모색이 아니라, 오직 여호와께 부르짖는 것이었다. '내가 고통 중에 여호와께 부르짖었더니…'라고 한다.

3) 이렇게 시인이 여호와께 부르짖었더니 그 결과, 혹은 그 반응을 두 가지로 말씀하고 있다. 하나는 '여호와께서 응답하시고'라고 한다. 하나님의 응답이다. 언약에 신실하신 여호와 하나님께서 응답하

셨다는 것이다. 또 다른 하나는 세우셨다는 것이다. 원문에는 세우
셨다는 말씀이 없다. 그래서 개역한글 성경도 작은 글씨로 되어 있
다. 그러나 의미상으로 세우셨다는 말이다. 광활한 곳에, 자유로운
장소, 넓은 곳에 세우셨다는 것이다.

4) 이와 같은 시인의 모습은 시편 116:1-4의 모습과 비슷하다. 시인
이 감사하는 이유가 여호와께서 자신의 부르짖음에 응답하셔서
구원해 주셨기 때문이라고 한다. 시인은 고통 중에서 부르짖었는
데, 여호와께서는 그 기도에 응답하셔서 시인을 넓은 곳에 세우셨
다는 것이다. 왜냐하면 여호와께서 내 편이 되시기 때문이다.

2. 내가 두려워하지 않는 것은 여호와께서 내 편이시기 때문이다.

1) 시편 기자는 즉 시인은 고통 중에 여호와께 부르짖으면 고통을 극
복할 수 있다는 것을 알았다. 이제 한 걸음 더 나아가서 이 세상에
서 누구라도, 어떤 권력이나 힘이나 그 무엇이라도 두려워하지 않
고 살아갈 수 있는 영적 지혜를 소유하게 되었다. 그래서 시인은
드디어 놀라운 선언을 하고 있다. '여호와는 내 편이시라'(לִי יְהוָה)
고 한다. 그것도 문장 서두에 두면서 두 번이나 반복하고 있다. 우
리말 개역개정은 좀 다르게 되어 있지만, 원문은 똑같이 반복하면
서 강조하고 있다. '여호와는 나를 위하신다'는 것이다. 여호와는

나를 위해서 일해 주시며, 나를 위해서 응답해 주신다는 것이다. 그 결과 '내가 두려워하지 않는다'는 것이다.

2) 이렇게 시편 118:6은 '여호와'로 시작하여 '사람'으로 끝을 맺고 있다. 그리고 이들 각각의 단어에 이어 '내 편'과 '내게'로 번역된 동일한 단어 '리'(לִי)가 반복되어 있다. 여호와와 사람을 서로 대조시키고 있다. 여호와의 영향력과 사람의 영향력을 상호 대조시키고 있다. 여호와의 영향력이 너무나 큰 반면 사람의 영향력은 두려움을 주지 않는 미미한 것이라는 것이다.

3) 그렇기 때문에 시편 118:7에서 '여호와께서 내 편이 되사'라고 한다. 시편 118:6의 서두와 동일하게 말씀하고 있다. 시인은 하나님께서 자신을 위한다는 사실을 강조하기 위하여 동일한 표현을 반복하여 사용하고 있다. 그리고 '나를 돕는 자 중에 계시니'라고 한다. 시인은 자신을 돕는 자들 중에 하나님이 포함되어 있다고 한다. 하나님이 자신을 위하시고, 돕는다는 것을 시편 118:6에서 반복하고 있다. 여호와께서 강력한 도움이 되셨다는 것이다.

4) 시인은 시편 118:7 상반절에서 기도 응답으로 인하여 자신은 구원받게 될 것임을 강조하고, 시편 118:7 하반절에서 원수가 보응을 받게 될 것이라는 확신을 피력하고 있다. 이로써 자신과 원수의 상반된 운명을 대조하고 있다.

5) 시편 118:6은 여호와로 시작하여 사람으로 마치고, 시편 118:7은 여호와로 시작하여 나를 미워하는 자로 마치고 있다. 그리고 시편

기자는 이 세상에서 누구라도, 어떤 권력이나 힘이나 그 무엇이라도 두려워하지 않고 살아갈 수 있는 영적 지혜를 시편 118:8-9에서 말씀하고 있다.

- 먼저 시인은 곤경에서 구원받은 자신의 경험을 근거로 사람은 절대로 신뢰할 대상이 되지 못하고 선하신 하나님께 피할 때 안전이 보장된다는 것이다. 오직 여호와께 소망을 두고, 전적으로 신뢰하며 그분께 피하는 것이 훨씬 낫다는 것이다.
- 이렇게 여호와께 피하는 것을 사람을 신뢰하는 것과 비교한 시인은 그 다음 이를 방백들을 신뢰하는 것과 비교하고 있다. 여호와를 신뢰하며 그를 피난처로 삼는 것이 무엇보다도 낫다는 것을 강조하고 있다.

> **결론** 성경 전체의 중심에서 가르치는 것이 무엇인가? 성경 전체 절의 중심은 시편 103편이다. 한마디로 여호와를 송축하라고 했다. 이제 성경 전체 장의 중심은 시편 118편이다. 한마디로 여호와께 감사하라고 한다. 신앙의 중심은 송축과 감사이다.

1) 시편 118편은 '여호와께 감사하라'는 말씀을 수미쌍관을 이루면서 강조하고 있다(시 118:1, 19, 21, 28, 29).

2) 시편 118:1-4은 여호와께 감사하라고 명령하고 있다. 그 이유는 여호와는 선하시며, 그 인자하심이 영원하기 때문이라는 것이다.

3) 그러면서 여호와께 감사해야 할 대상에 대해서 말씀하고 있다. 그 주체는 이스라엘과 아론의 집과 여호와를 경외하는 자들이다. 어느 누구 하나 예외가 없이 여호와께 감사해야 한다는 것이다. 내가 주인공이 되어 범사에 감사해야 한다.

4) 이제 시편 118:5-9에서는 여호와께 감사해야 할 이유를 또 다르게 말씀하고 있다. 한마디로 여호와의 인자하심에 대한 자신의 체험을 말씀하고 있다. 자신의 체험을 통해서 여호와께 감사하는 이유를 말씀하고 있다.

5) 시편 기자는 고통과 두려움 속에 있었다. 시인을 미워하는 자들이 있었다. 그래서 부르짖어 기도했더니 여호와께서 응답하셨다는 것이다. 그러므로 시편 기자는 고난이나 재난도 겁날 것 없고, 아무리 강한 대적이 쳐들어 온다고 하여도 겁날 것이 없다는 것이다. 대적이 아무리 강하다고 하여도 사람이므로 여호와 하나님을 당하지 못하기 때문이다(시 56:4, 11, 롬 8:31). 이러한 사실을 자신의 경험과 체험을 통해 깨닫고 확신에 찬 노래를 하고 있는 것이다. 그것을 크게 세 가지로 말씀하고 있다.

  - 첫째, 여호와께서 응답해 주셨다는 것이다.
  - 둘째, 여호와께서 내 편이 되어 주셨다는 것이다.
  - 셋째, 여호와께 피함이 제일이라는 것이다.

6) 이것을 구조적으로 보면 다음과 같다.

  A 시 118:5 여호와께서 응답하셨다는 것이다.

B 시 118:6-7 여호와는 내 편이시라는 것이다.

A' 시 118:8-9 여호와께 피하는 것이 낫다는 것이다.

7) 이 세 가지 중에 가장 중요한 것은 한마디로 '여호와는 내 편이시다'라는 것이다. 여호와께서 내 편이시기 때문에 여호와께 부르짖는 기도를 할 수 있다. 고통 중에도 여호와를 찾아가서 여호와께 부르짖어 기도하는 것이다. 그렇게 부르짖어 기도했더니 여호와께서 그 기도에 응답하신 것이다. 응답하실 뿐만 아니라, 고통 중에서 나를 넓은 곳에 세우신다는 것이다. 또한 여호와께서 내 편이시기 때문에 여호와께 피할 수 있는 것이다. 여호와께서 내 편이 아니라면 어떻게 여호와께 피할 수 있는가? 여호와께서 적이라면 여호와께 피하는 것이 곧 죽음이다. 그러나 여호와께서 내 편이시기 때문에 여호와께 피하는 것이 곧 생명이다.

적국들이 사방에서 나를 둘러싸고 있으나 내가 여호와의 이름으로 그들을 물리
치리라.
All nations compassed me about: but in the name of the Lord wil I destroy
them.
시편 118:10

04

여호와의 이름으로
끊으리로다

04 여호와의 이름으로 끊으리로다

성경 : 시편 118 : 10 - 14

> **서론** 마틴 루터는 시편 118편을 '내가 가장 사랑하는 시편이다'라고 했다. '이 시편이 나를 수많은 환란에서 건져내었다'고 했다. '나에게 큰 힘을 주었다'고 했다. 이러한 시편 118편은 성경 전체의 1189장의 중심이다. 따라서 성경 전체의 축약판이라고 할 수 있다.

1) 성경 전체 장의 중앙에 있는 시편 118편을 중심으로 그 앞의 시편 117편은 성경 전체에서 가장 짧은 장이다.

   단 2절로 이루어져 있다. 그리고 그 뒤의 시편 119편은 성경 전체에서 가장 긴 장이다. 무려 176절로 이루어져 있다.

2) 뿐만 아니라, 시편 118편 앞에 있는 시편 113-117편은 출애굽 할렐시이다.

   그리고 뒤에 있는 시편 120-134편은 시온의 순례시이다. 시편 118편과 시편 119편을 중심으로 앞에는 출애굽, 뒤에는 시온으로 성경의 순서에 따라 기록하고 있다.

3) 따라서 시편 118편은 출애굽 구원의 은혜를 받은 자가 어떻게 해야 하는지를 말씀하고 있다.

한마디로 여호와께 감사하라는 것이다. 그리고 시편 119편을 통해서는 마음에 율법을 새기라는 것이다. 그렇게 하는자에게 시온의 축복을 누리게 한다는 것이다.

4) 시편 118편에서는 여호와께 감사하라고 한다.

그것도 '여호와께 감사하라'라는 말을 수미쌍관(inclusio)으로 말씀하고 있다(시 118:1, 29).

5) 시편 118:1-4에서 누가 여호와께 감사해야 한다고 하는가?

이스라엘과 아론의 집과 여호와를 경외하는 자 즉 모든 구원을 받은 자들뿐만 아니라, 모든 피조물들이 다 여호와께 감사해야 한다는 것이다. 어느 누구 하나 예외가 없다는 것이다.

6) 시편 118:6-9에서 여호와께 감사해야 할 또 다른 이유는 헤세드(חֶסֶד)를 베푸시는 여호와가 내 편이시기 때문이라는 것이다.

여호와가 기도하실 때 응답하시고, 나를 돕는 자 중에 계신다는 것이다. 또한 그 여호와께 피하는 것이 제일이라는 것이다. 사람과 고관들을 신뢰하는 것보다 낫다는 것이다.

7) 시편 118:10-14에서 시편 기자는 자신이 처한 암울한 상황을 말씀하면서, 그러한 열방과 원수들로부터 자신이 구원 받은 감격을 노래하고 있다.

1. 내가 여호와의 이름으로 그들을 끊으리로다.

1) 시편 118:10-12에서 시편 기자는 자신의 암울한 상황을 말씀하고 있다. 시편 118:5에서는 그냥 단순히 '내가 고통 중에'라고 했다. 시편 118:7에서는 '나를 미워하는 자들'이라고 했다. 그러나 이제 시편 118:11에서는 '나를 에워쌌으니'라고 한다. 그것도 '나를 에워쌌으니'란 말씀을 계속 반복하고 있다. 사방으로 둘러싸여 있어서 도망할 곳이 없는 아주 절박한 상태를 강조하고 있다.

2) 시편 기자를 에워싸고 있는 주체가 누구인지를 말씀하고 있다. 먼저 시편 118:10에서는 '뭇 나라'이다. 열방이다. 모든 민족들이다. 단수가 아니라 복수형이다. 이어서 시편 118:11에서는 '그들'이다. 여기 그들은 시편 118:7의 '나를 미워하는 자들'이라고 할 수 있다. 한마디로 대적들이 에워싸고 있다. 그러면서 시편 118:12에서 '그들이 벌들처럼 나를 에워쌌다'라고 한다. 군집 생활을 하는 벌의 이미지를 빌어 엄청난 수의 대적들이 자신을 에워싸고 있다는 것이다.

3) 이러한 대적들의 공격이 점점 강화되어 심각한 위기에 빠진 상황

에서 갑자기 '가시덤불의 불같이 타 없어졌다'라고 한다. 이 말씀은 강의 수동형으로 사용되어 신적 수동이다. 즉 여호와 하나님의 개입으로 대적들이 이와 같이 소멸됨을 강조하고 있다.

4) 그럼 이와 같은 반전의 역사는 어떻게 해서 가능한가? 시편 118:10-12에서 계속 반복되는 말씀은 한마디로 '내가 여호와의 이름으로 그들을 끊으리로다'(בְּשֵׁם יְהוָה כִּי אֲמִילַם:)이다. 그것도 동일하게 후렴구처럼 반복하고 있다. 그 의미는 동일하나 그 표현은 더욱 강조되고 있다. 여기에 우리말 개역개정에는 번역되지 않았으나, 원문에는 '키'(כִּי)라는 단어가 있다. 일반적으로 이유의 접속사로 쓰이고 있다. 그러나 또한 부사적 의미로도 쓰이고 있다. 여기에서는 부사적 의미로, 정녕, 진실로, '내가 정녕 그들을 끊으리로다'라고 한다. 벌떼같이 자신을 에워싸고 있는 대적들을 끊어버리겠다는 것이다. 할례의 의미로도 사용한다.

5) 이렇게 시인은 대적을 끊어버리는 수단으로 '여호와의 이름'을 말씀하고 있다. 아무리 대적들의 기세가 맹렬하다 할지라도 여호와의 이름에는 그 기세를 꺾을 수 있는 능력이 있음을 확신하고 있다. 승리를 확신하는 의미를 반복적으로 표현함으로 자신의 결연한 의지를 강조하고 있다. 궁극적인 승리의 원천이 되시는 여호와 하나님만 신뢰한다는 것이다. 내 편이 되시고, 나를 돕는 자 중에 계시는 여호와 하나님만을 의지하겠다는 결연한 의지를 강조하고 있다.

2. 여호와께서 나를 도우시고 나의 구원이 되셨도다.

1) 지금까지 시인은 자신을 에워싼 대적들을 '나를 미워하는 자들'(시 118:7), '뭇 나라' 즉 '열방'(시 118:10), '그들'(시 118:11, 12)이라고 했다. 구원의 경험을 외적인 관점에서 말씀하고 있다. 그러나 이제 시편 118:13에서는 "너는 나를 밀쳐 넘어뜨리려 하였으나 여호와께서 나를 도우셨도다"(דָחֹה דְחִיתַנִי לִנְפֹּל וַיהוָה עֲזָרָנִי)라고 한다. 구원의 경험을 내적인 관점에서 말씀하고 있다. 새로운 관점으로 나아가고 있다.

2) 그러면서 '너는'이라고 하면서 2인칭 단수로 말씀하고 있다. '너'와 '나'가 단수로 서로 대조를 이루고 있다. 아주 강한 대비를 말씀하고 있다. 갑자기 2인칭 단수 '너'를 지목하면서 대적들과, 그 대적들이 바로 앞에 있는 것과 같이 1인칭 단수 '나'를 밀쳐 넘어뜨리려 하였다는 것이다.

3) 우리말 개역개정에도 이러한 대조가 어느 정도 나타나고 있다. '너는 나를 밀쳐 넘어뜨리려 하였으나'라고 한다. 그러나 원문은 확실하게 역접 접속사 '와우'(וְ)가 있다. 밀쳐 넘어뜨리는 너와 나를 도우시는 여호와의 모습이 철저하게 대조를 이루고 있다. 그것도 시편 118:13에서 여호와 하나님께서 다른 사람들을 통해서 도와주시는 것이 아니라, 여호와 하나님께서 직접 시인을 도와주셨다는 것이다.

4) 이제 시편 118:14에서는 여호와의 도우심으로 대적들로부터 구원받은 사실을 강조하면서 여호와의 구원을 체험한 자로서 환희의

찬양을 여호와께 드리고 있다(출 15:2, 사 12:2). 나의 능력과 찬송 그리고 나의 구원이 되셨다고 한다.

> **결론** 시편 118편에서는 여호와께 감사하라고 한다. 그것도 '여호와께 감사하라'라는 말을 수미쌍관으로 말씀하고 있다(시 118:1, 29). 그리고 그 중간의 118:19, 21, 28에서도 여호와께 감사하라고 한다. '내가 주께 감사하리라'고 한다. 그 이유는 크게 두 가지이다. 하나는 그가 선하시기 때문이며, 다른 하나는 그의 인자하심이 영원하기 때문이라는 것이다. 여호와의 헤세드(חסד)가 영원하기 때문이라는 것이다.

1) 시편 118:1-4에서 누가 여호와께 감사해야 하는지, 여호와께 감사해야 할 대상에 대해서 세 가지로 말씀하고 있다. 첫째, 이스라엘이다. 둘째, 아론의 집이다. 셋째, 여호와를 경외하는 자이다. 즉 모든 구원을 받은 자들뿐만 아니라, 모든 피조물들이 다 여호와께 감사해야 한다는 것이다. 어느 누구 하나 예외가 없다는 것이다.

2) 시편 118:5-9에서 여호와께 감사해야 할 또 다른 이유는 그러한 헤세드(חסד)를 베푸시는 여호와가 내 편이시기 때문이라고 한다. 그 여호와가 기도하실 때 응답하시고, 나를 돕는 자 중에 계신다는 것이다. 또한 그 여호와께 피하는 것이 제일이라는 것이다. 사람과 고관들을 신뢰하는 것보다 낫다는 것이다. 이렇게 시편 기자는 시편 118:5-9에서 고통 중에 기도의 응답으로 여호와의 구원을 체

험하고, 여호와는 내 편이시라고 강조하면서, 여호와에 대한 신뢰를 말씀하고 있다.

3) 시편 118:5-9에서 가장 중심이 되는 말씀은 '여호와는 내 편이시다'는 것이다. 여호와께서 내 편이시기 때문에 여호와께 부르짖는 기도를 할 수 있다. 고통 중에도 여호와를 찾아가서 여호와께 부르짖어 기도하는 것이다. 그렇게 부르짖어 기도했더니 여호와께서 그 기도에 응답하신 것이다. 응답하실 뿐만 아니라, 고통 중에서 나를 넓은 곳에 세우신다는 것이다. 또한 여호와께서 내 편이시기 때문에 여호와께 피할 수 있는 것이다.

4) 시편 118:10-14의 말씀은 시편 118:8-9의 말씀과 아주 밀접하게 연결되어 있다. 시편 118:8-9은 앞의 시편 118:5-7과도 연결되고, 뒤의 시편 118:10-14과도 연결되고 있다. 시편 118:8-9을 중복하여 구조적으로 보면 다음 도표와 같다.

시편 118:5-9	시편 118:8-14
A 시 118:5 여호와의 응답 　B 시 118:6-7 여호와는 내 편이심 A' 시 118:8-9 여호와께 피함	A' 시 118:8-9 여호와께 피함 　B' 시 118:10-12 여호와의 이름 A" 시 118:13-14 여호와는 도움(구원)

5) 이제 시편 기자는 용기를 드러내고 있다. 뭇 나라가 벌들처럼 에워쌌지만, 시편 기자는 사람을 신뢰하기보다, 고관들을 신뢰하기보다 여호와를 신뢰한다. 여호와를 피난처로 삼기로 결단했기 때문이다. 이제 그 결단을 용기로, 행동으로 옮기면서 '여호와의 이름

으로 그들을 끊으리로다'라고 한다. 그것도 '내가' 여호와의 이름으로 끊어버리겠다는 것이다. 시편 기자는 '내가'를 계속 강조하면서 '내가' 여호와의 이름을 붙들고 나아가 싸워서 승리하겠다는 것이다. 그렇게 하는 이유는 '나를 미워하는 자들, 대적자들이 나를 밀쳐 넘어뜨리려 하였으나, 여호와 하나님께서 나를 도우셨기 때문'이라고 한다. 뿐만 아니라 시편 기자가 신뢰하는 그 여호와 하나님이 '나의 능력과 찬송과 나의 구원이 되셨기 때문'이라고 한다.

성도의 집에 구원의 즐거운 소리가 있구나. 여호와의 오른손이 권능을 행하셨다!
The voice of rejoicing and salvation is in the tabernacles of the righteous: the
right hand of the Lord doeth valiantly.
시편 118:15

05

여호와의 오른손이

여호와의 오른손이

> **서론** 시편 118편은 '여호와께 감사하라'고 한다. 그것도 수미
> 쌍관(inclusio)으로 말씀하고 있다(시 118:1, 29). 그 중간
> 의 시편 118:19, 21, 28에서도 여호와께 감사하라고 한
> 다. '내가 주께 감사하리이다'라고 한다.

1) 시편 118:5-9을 구조적으로 보면 다음과 같다.

    A 시 118:5 여호와께서 응답하셨다는 것이다.

     B 시 118:6-7 여호와는 내 편이시라는 것이다.

    A' 시 118:8-9 여호와께 피하는 것이 낫다는 것이다.

2) 시편 118:8-9은 앞의 시편 118:5-7과도 연결되고, 뒤의 시편
    118:10-14과도 연결되는 중복적 역할을 한다. 그 중심은 시편
    118:10-12이다. 이것을 구조적으로 보면 다음과 같다.

    A 시 118:5 여호와께서 응답하셨다.

     B 시 118:6-7 여호와는 내 편이다.

    A' 시 118:8-9 여호와께 피하는 것이 낫다.

     B' 시 118:10-12 여호와의 이름으로 끊으리로다.

    A'' 시 118:13-14 여호와께서 나를 도우셨도다. 여호와는 나의 구

원이 되셨도다.

시편 118:5-9	시편 118:8-14
A 시 118:5 여호와의 응답 B 시 118:6-7 여호와는 내 편이심 A' 시 118:8-9 여호와께 피함	A' 시 118:8-9 여호와께 피함 B' 시 118:10-12 여호와의 이름 A'' 시 118:13-14 여호와는 도움(구원)

3) 시편 기자는 '내가'를 계속 강조하면서 '내가 여호와의 이름으로 끊어 버리겠다'는 것이다.

그것은 여호와 하나님이 내 편이 되시고, 나를 도우셨기 때문이다. 뿐만 아니라, 나의 능력과 찬송과 나의 구원이 되셨기 때문이다.

4) 그리고 나서 시편 118:15-16에서 '여호와의 오른손이 권능을 베푸시는도다'라고 세 번이나 반복하면서 강조하고 있다.

1. 여호와의 오른손이 권능을 베푸시는도다.

1) 이제 시편 기자는 시편 118:15에서 '의인들의 장막에는 기쁜 소리, 구원의 소리가 있다'고 한다. 여호와께서 도와주시는 그 결과로 기쁜 소리, 구원의 소리, 승리의 소리가 있다. 그것도 다른 곳이 아닌 '의인들의 장막'에 있다는 것이다.

2) 이와 동일한 단어가 이사야 49:24에도 나오고 있다. "용사가 빼앗은 것을 어떻게 도로 빼앗으며 승리자에게 사로잡힌 자를 어떻게 건져낼 수 있으랴"라고 하면서 '승리자'라는 말이 나온다. 우리말 개역개정에는 '승리자'에 각주 표시가 되어 난외주에 보면 '히브리어, 의인'이라고 되어 있다.

3) 시편 118:15은 시편 118:13-14과 연결되어 있다. 여호와께서 어떻게 도우셨는가? 여호와는 능력과 찬송과 구원이신데, 어떻게 의인들의 장막에 기쁜 소리, 구원의 소리가 있게 되었는가? 그것은 바로 '여호와의 오른손이 권능을 베푸셨기' 때문이다(출 15:6).

4) 시편 118:15에서 '여호와의 오른손이 권능을 베푸시며'라고 했는데, 이제 시편 118:16에서는 '여호와의 오른손이 높이 들렸으며'라고 한다. 이것은 여호와 하나님의 오른손이 능력과 영광을 의미하는 것에서 한 걸음 더 나아가서 오른손이 높이 들렸다는 것은 여호와의 권능으로 말미암은 구원의 도우심을 말한다. 계속적으로 구원과 능력을 베푸시는 일만 남았다는 것이다(출 14:13-14).

5) 그러면서 또 한 번 '여호와의 오른손이 권능을 베푸시는도다' (יְמִין יְהוָה עֹשָׂה חָיִל)라고 한다. 시편 118:15과 동일하게 말씀하고 있다. 여호와의 크신 권능이 널리 드러났다는 것이다. 여호와께서 오른손을 높이 들고 앞서 나아가 싸우시는 것이다. 모든 원수들을 물리쳐 주심으로 기쁨의 소리, 구원의 소리, 승리의 소리가 울려 퍼지게 하신 것이다.

2. 여호와께서 하시는 일을 선포하리로다.

1) 지금까지 '의인들의 장막'이라고 하면서 공동체의 체험을 말씀했다. 여호와께서 행하신 권능에 대해서 말씀했다. 그러나 이제 다시 시편 118:17에서 '내가'라고 하면서 개인적으로 말씀하고 있다. 내가 죽지 않고 살아서 여호와의 행사를 선포하겠다고 한다. 그런데 특별히 시편 기자는 부정어 '로'(אל)로 시작하면서 '내가 결코 죽지 않는다'는 것이다.

2) 그러면서 접속사 '키'(כּי)로 시작하면서 그 이유를 말씀하고 있다. 시편 기자 자신의 미래에 대해 긍정적으로 말씀하고 있다. 부정문과 긍정문을 교차 사용하여 자신이 고난 가운데서도 망하지 않고 결국 하나님의 은혜로 소생될 것이라는 확신을 가지고 있다.

3) 이제 평생 이 땅 위에서 사는 날 동안, 자신이 살아 있는 동안에 적어도 이것만은 하겠다는 것이다. 자신이 살아서 자신의 미래에 감당해야 할 사명을 말씀하고 있다. 거룩한 사명의 확신에 찬 고백을 말씀하고 있다.

4) 그것은 바로 '살아서 여호와께서 하시는 일을 선포하리로다'라고 한다. 자신은 절대로 죽지 않고 살아서 여호와의 행사를 선포하겠다는 것이다. 이제 시편 기자가 살아야 하는 이유는 여호와의 행사를 선포하는 데 있다.

5) 시편 118:18에서 자신에게 주어진 고통, 대적자들이 에워싸고, 밀

쳐 넘어뜨리는 것이 다 여호와께서 죽음으로 몰아가시기 위함이 아니라, 자신을 철저히 훈련시키고, 교육시켜서 결국 살아서 여호와께서 하시는 일을 선포하기 위해서라는 것이다(시 118:13). 죽음에서 구원하신 그 은혜에 감격하여 여호와의 행사를 증거하며 살겠다는 것이다.

> **결론** 시편 118:5-9의 중심은 시편 118:6-7의 '여호와는 내 편이시라'라는 말씀이다. 또 시편 118:10-14의 중심은 시편 118:10-12에서 계속 반복되는 '내가 여호와의 이름으로 그들을 끊으리로다'라는 말씀이다. 그러면서 시편 118:8-9에서는 같은 의미의 말씀이 이중적으로 반복되고 있다. 또한 시편 118:8-9은 바로 앞의 시편 118:5-7과 밀접하게 연결되고, 뒤의 시편 118:10-12과도 밀접하게 연결되어 있다.

1) 시편 118:15-18의 중심은 시편 118:15의 '여호와의 오른손이 권능을 베푸시는도다'라는 말씀이다. 이 말씀 역시 동일하게 세 번이나 계속해서 반복하고 있다. 물론 시편 118:16의 중간에서는 약간 변형되어 '여호와의 오른손이 높이 들렸으며'라고 하지만 그럼에도 불구하고 '여호와의 오른손'에 대해서 여전히 강조하고 있다.

2) 시편 118:15-18은 시편 118:13-14과 아주 밀접하게 연결되어 있다. 그러니 시편 118:13-14은 이중적인 역할을 하고 있다. 바로 앞의 시편 118:10-12과 밀접하게 연결되고, 또한 뒤의 시편

118:15-16과도 밀접하게 연결되어 있다. 그러면서 그 중심은 시편 118:15-16에 있다. 시편 118:15-16이 핵심을 이루고 있다. 이것을 다시 구조적으로 보면 다음과 같다.

A 시 118:13-14 여호와께서 나를 도우셨다. 여호와는 나의 구원이 되셨도다.

B 시 118:15-16 여호와의 오른손이 권능을 베푸시는도다.

A' 시 118:17-18 여호와께서 하시는 일을 선포하리로다. 여호와께서 죽음에 넘기지 아니하셨도다.

3) 시편 118:13-14을 중복하여 다시 구조적으로 보면 다음과 같다. 또한 시편 118:13과 시편 118:18은 서로 수미쌍관(inclusio)을 이루고 있다.

A 시 118:8-9 여호와께 피하는 것이 낫다.

B 시 118:10-12 내가 여호와의 이름으로 그들을 끊으리로다.

A' 시 118:13-14 여호와께서 나를 도우셨다. 여호와는 나의 구원이 되셨도다.

B' 시 118:15-16 여호와의 오른손이 권능을 베푸시는도다.

A'' 시 118:17-18 여호와께서 하시는 일을 선포하리로다. 여호와께서 죽음에 넘기지 아니하셨도다.

시편 118:8-14	시편 118:13-18
A 시 118:8-9 여호와께 피함 　B 시 118:10-12 여호와의 이름 A' 시 118:13-14 여호와께서 도움	A' 시 118:13-14 여호와께서 도움 　B' 시 118:15-16 여호와의 오른손 A'' 시 118:17-18 여호와의 행사 선포

4) 시편 기자는 미워하는 자들이 가시덤불의 불같이 타 없어지는 것을 보게 되었다. 구원의 역사를 경험하게 되었다. 그럼 어떻게 해서 그렇게 되었는가? 한마디로 여호와의 오른손이 권능을 베풀어 주셨기 때문에, 의인들의 장막에 기쁜 소리, 구원의 소리가 있을 수 있었다. 승리자들의 장막이 되었다.

5) 이제 구원을 받은 자들은 어떻게 해야 하는가? 여호와의 오른손이 권능을 베풀어 주셔서 구원의 은총, 구원의 감격을 갖게 된 자는 어떻게 살아야 하는가? 그것은 한마디로 여호와 하나님께서 행하시는 일을 선포하면서 살아야 한다. 사명을 감당하면서 살아야 한다. 그래서 시편 기자는 죽지 않고 살아서 여호와께서 하시는 일을 선포하겠다는 것이다. 여호와께서 고통 속에서 자신을 살려 주신 것은, 죽음에 넘기지 않고, 자신을 연단시키고, 훈련시키신 것은 여호와의 행사를 증거하게 하기 위해서라는 것이다.

의의 문을 열어라. 내가 들어가서 여호와께 감사하리라.
Open to me the gates of righteousness: I will go into them, and I will praise the
Lord:
시편 118:19

06

여호와께 감사하리로다

06 여호와께 감사하리로다

성경 : 시편 118 : 19 - 24

> **서론** 시편 118편은 여호와께 감사하라고 한다. 시편 118:1-4
> 은 여호와께 감사해야 할 이유와 그 대상에 대해서 말씀
> 하고 있다. 이어서 시편 118:5-9은 여호와께 감사해야
> 할 이유를 좀 더 구체적으로 말씀하고 있다. 그것은 한마
> 디로 '여호와는 내 편이시라'는 것이다.

1) 시편 118:5-9을 구조적으로 보면 다음과 같다.

　A 시 118:5 여호와께서 응답하셨다는 것이다.
　　B 시 118:6-7 여호와는 내 편이시다는 것이다.
　A' 시 118:8-9 여호와께 피하는 것이 낫다는 것이다.

2) 시편 118:10-14에서는 여호와께서 내 편이시기 때문에 여호와께
피하여 여호와를 신뢰함으로 시편 기자가 개인적인 결단을 한다.

'내가 여호와의 이름으로 그들을 끊으리로다'라고 한다. 시편
118:10-14은 시편 118:8-9의 말씀과 밀접하게 연결되어 있다. 시
편 118:8-9은 바로 앞의 시편 118:5-7과 밀접하게 연결되고, 또한
뒤의 시편 118:10-12과도 밀접하게 연결되어 있다. 그 중심에 시편
118:10-12이 있다. 이것을 구조적으로 보면 다음과 같다.

A 시 118:8-9 여호와께 피하는 것이 낫다.

　B 시 118:10-12 내가 여호와의 이름으로 그들을 끊으리로다.

A' 시 118:13-14 여호와께서 나를 도우셨다. 여호와는 나의 구원이
　　　　되셨도다.

3) 시편 118:15-18에서 의인들의 장막에 기쁜 소리, 구원의 소리가
　있는 것은 여호와의 오른손이 권능을 베푸셨기 때문이라고 한다.

　그래서 죽지 않고 살아날 수 있었다. 철저히 여호와께서 훈련시켰
다는 것이다. 그 엄청난 구원의 은혜, 승리의 '헤세드'를 받은 자로
서 여호와께서 행하시는 일을 선포하면서 살겠다는 것이다. 시편
118:15-18은 시편 118:13-14과 아주 밀접하게 연결되어 있다. 시
편 118:13-14은 바로 앞의 시편 118:10-12과 밀접하게 연결되고,
또한 뒤의 시편 118:15-16과도 밀접하게 연결되어 있다. 그 중심에
시편 118:15-16이 있다. 이것을 구조적으로 보면 다음과 같다.

A 시 118:13-14 여호와께서 나를 도우셨다. 여호와는 나의 구원이
　　　　되셨도다.

　B 시 118:15-16 여호와의 오른손이 권능을 베푸시는도다.

A' 시 118:17-18 여호와께서 하시는 일을 선포하리로다. 여호와께
　　　　서 죽음에 넘기지 아니하셨도다.

4) 시편 118:19-24은 시편 118:17-18과 아주 밀접하게 연결되
　어 있다.

시편 118:17-24의 중심은 시편 118:19-21이다. 그 핵심은 시편 118:19의 '여호와께 감사하리로다'는 말씀과 시편 118:21의 '내가 주께 감사하리로다'라는 말씀이다. 이것을 구조적으로 보면 다음과 같다.

A 시 118:17-18 여호와께서 하시는 일을 선포하리로다.

　B 시 118:19-21 여호와께 감사하리로다. 내가 주께 감사하리이다.

A' 시 118:22-24 여호와께서 행하신 것이요.

1. 여호와께 감사하리로다.

1) 지금까지의 일들은 성전 밖에서(시 118:5-18) 이루어졌다고 할 수 있다. 이제부터(시 118:19-27) 성전으로 들어가기 위한 과정이 시작되고 있다. 시편 118:19에서 그 첫 번째 장면으로 마치 문 앞에 서서 누군가를 향해 외치는 듯한 명령을 하고 있다. '나에게 의의 문들을 열어라'고 한다.

2) 시편 기자가 열어 달라고 명령하는 이 문은 '의의 문들'이다. 그렇다면 '의의 문들'이란 예루살렘 성문인가? 아니면 예루살렘 성전의 문들 중에 '의의 문'이라고 불리는 문인가? 그런데 '의의 문'이라고 불리는 문은 없다. 문맥상 시편 118:19부터 여호와를 향한 찬양과 감사가 반복되고 있으며, 문 역시도 여호와께 감사하기 위하여 들어가는 입구라는 점에서 예루살렘 성문을 가리키는 것보

다는 감사 제사가 드려지는 여호와의 성전으로 들어가는 문으로 보는 것이 더 자연스러울 것 같다.

3) 시편 기자는 과거에는 대적에게 에워싸이고 쫓겨다니는 신세였다. 그러다가 이제 여호와의 구원을 경험하고서 여호와께 감사하러 성전으로 들어가는 것이다. 시편 118:19의 '의의 문들'을 시편 118:20에서는 '여호와의 문'이라고 한다. 여호와께로 가는 문이다. 여호와께서 소유하고 계시는 문이다. 여호와께서 열어주시는 문이다. 또한 여호와를 위해서 들어가는 문이다. 여호와를 목적으로 하여 가는 문이다. 여호와께로 가는 문이다. 시편 118:15에서 '의인들의 장막'이라 했고, 시편 118:20에서 '의인들'이 그곳으로 들어간다고 했기 때문에 '의인들의 문'이다. 의인들만 출입할 수 있다.

4) 그러면서 시편 118:21에서 우리말 개역개정과 달리 원문은 문두에 '오데카' 즉 '내가 주께 감사하리라'고 한다. 시편 기자는 자신이 감사하겠다고 강조한다. 시편 118:21에서 "주께서 내게 응답하시고 나의 구원이 되셨으니 내가 주께 감사하리이다"라고 한다. 성전 문을 향하는 시편 기자는 분명한 감사의 이유를 밝히고 있다. 그 이유는 분명히 여호와께서 시편 기자의 기도에 응답하시고, 나의 구원이 되셨기 때문이라는 것이다(시 118:5, 13, 14). 그래서 그 여호와께 감사하겠다는 것이다.

2. 여호와께서 행하신 것이요.

1) 시편 118:5-21은 시편 기자 자신의 구원 체험에서 우러나온 역동 적 간증과 찬양을 말씀하고 있다. 이제 시편 118:22-27은 시편 기 자 자신이 여호와께서 정하신 미래의 그 날을 내다보면서 찬양하 고 있다. 지금까지는 '나'를 중심으로 말씀이 전개되어 왔다. 그러 나 이제부터는 그 중심이 '나'에서 '우리'로 전환되고 있다. 시편 기자의 감사 찬양에 대한 백성들의 화답이 시작되고 있다. 시편 기 자의 간증을 들은 백성들은 시편 기자에게 일어난 놀라운 구원의 역사를 하나의 비유로 표현하면서 기록하고 있다.

2) 시편 118:22은 건축자들로 비유되는 열방의 왕들이 경멸하고 멸 시하며 죽이려고 했던 버린 돌, 이스라엘의 왕 혹은 시편 기자가 하나님의 구원을 받아 집 모퉁이의 머릿돌처럼 하나님 나라와 이 세상에서 가장 중요한 존재가 되었음을 말씀하고 있다(마 21:42, 막 12:10, 눅 20:17, 행 4:11, 엡 2:20-21, 벧전 2:6-7에서 인용).

3) 따라서 구속자적 의미보다는 일차적 의미에 먼저 관심을 가져야 한다. 여기 '건축자'는 복수형으로 한 건축자가 아니라, 많은 건축 자들이 하나의 돌을 버렸다는 것이다. 건축하는 자들이 너무 쓸모 없어 더 이상 미련을 갖지 않고 버리는 것을 말씀하고 있다.

4) '건축자의 버린 돌'이 쓸모없이 버려지는 것을 의미했다면, '집 모 퉁이의 머릿돌'이란 아주 중요한 것을 의미한다. 머릿돌은 네모로 다듬어 건물 벽의 기초를 삼기 위해 집 모퉁이에 배치하는 것이다.

과거 쓸모없는 것으로 여겨져 버림받고 멸시받았던 재료인 돌이 이제는 건축물에서도 아주 중요한 역할을 하는 '모퉁이의 머릿돌'로 사용되고 있다는 것이다. 전격적인 반전의 상황을 말씀하고 있다. 이전에는 멸시받고 누구의 눈에도 띄지 않는 보잘것 없는 존재로 여겨졌으나 이제 그 상황이 완전히 바뀐 것이다. 시편 118:21의 말씀과 같이 '나의 구원이 되셨으니'라는 것이다.

5) 시편 118:22과 같은 놀라운 반전이 사람에 의해서 이루어진 것이 아니라, 시편 118:23에서는 순전히 여호와께서 행하신 일이라는 것이다. 여호와의 함께하심으로 말미암은 것이다. 시편 118:24에서 백성들은 여호와께서 구원하신 날을 축하하며 하나님께 감사하고 있다. 우리말 개역개정에는 '정하신 것'에 각주 표시가 붙어 난외주에 '지으신 날'이라고 되어 있다. 여호와께서 새롭게 지으신 날이다. 여호와와의 함께하심으로 말미암아 새롭게 창조가 이루어진 날이다.

결론 시편 118편은 시편 118:1과 시편 118:29이 서로 수미쌍관(inclusio)를 이루고 있다. 따라서 시편 118편은 크게 세 부분으로 나눌 수 있다. 첫째는 시편 118:1-4이다. 여호와께 감사하라는 것이다. 감사해야 할 이유와 그 대상에 대해서 말씀하고 있다. 둘째는 시편 118:5-27이다. 여호와께 감사해야 할 이유를 구체적으로 말씀하고 있다. 구원의 경험에 대해서 감사하고 있다. 구원의 보고와 감사의 의식에 대해서 말씀하고 있다. 셋째는 시편 118:28-29이다. 여호와께 감사하라는 것이다. 감사 다

짐의 수행과 감사해야 할 이유에 대해서 말씀하고 있다. 이것을 구조적으로 보면 다음과 같다.

A 시 118:1-4 여호와께 감사하라
  B 시 118:5-27 구원의 보고와 감사의 의식
A' 시 118:28-29 여호와께 감사하라

1) 그 중에서 본론 격인 시편 118:5-27은 다시 크게 두 부분으로 나눌 수 있다. 시편 118:5-18과 시편 118:19-27이다. 성전을 중심으로 전반부와 후반부로 나누어진다. 전반부 시편 118:5-18은 성전 문 밖에서 말씀하고 있고, 후반부 시편 118:19-27은 성전 문 안에서 말씀하고 있다. 또 전반부에서는 주로 '나'를 중심으로 말씀이 전개되고 있다. 그러나 후반부에서는 그 중심이 '나'에서 '우리'로 전환되어 말씀이 전개되고 있다. 개인적인 것에서 공동체로 나아가고 있다.

2) 시편 118:5-18은 다시 세밀하게 나눌 수 있다. 하지만 크게 두 부분으로 나누면, 하나는 시편 118:5-12이다. 외적인 관점에서의 구원의 경험을 말씀하고 있다. 다른 하나는 시편 118:13-18이다. 내적인 관점에서 구원의 경험을 말씀하고 있다.

3) 시편 118:19-27도 다시 세밀하게 나눌 수 있다. 하지만 크게 두 부분으로 나누면, 하나는 시편 118:19-24이다. 성전 문에서의 대화 즉 감사의 의식을 말씀하고 있다. 다른 하나는 시편 118:25-27이다. 성전 안에서의 대화 즉 감사의 의식을 말씀하고 있다. 이것

을 구조적으로 보면 다음과 같다.

　A 시 118:1-4 여호와께 감사하라

　　B 시 118:5-18 성전 문 밖에서 구원의 보고이다.

　　　　1. 외적인 관점에서 구원 경험(시 118:5-12)

　　　　2. 내적인 관점에서 구원 경험(시 118:13-18)

　　B' 시 118:19-27 성전 문 안에서 감사의 의식이다.

　　　　1. 성전 문에서 감사의식(시 118:19-24)

　　　　2. 성전 안에서 감사의식(시 118:25-27)

　A' 시 118:28-29 여호와께 감사하라

4) 시편 118편은 동일한 말씀이 계속적으로 반복되고 있다. 시편 118:19-24에서도 '내가 그리로 들어가서'와 '의인들이 그리로 들어가리로다'가 반복되고 있다. 또 '여호와께 감사하리로다'와 '내가 주께 감사하리이다'가 반복되고 있다. 이것은 시편 118:28에서 '…내가 주께 감사하리이다'라는 말씀과 연결되고, 더 나아가서 시편 118:1과 29의 "여호와께 감사하라 그는 선하시며 그의 인자하심이 영원함이로다"라는 말씀과 연결되고 있다. 의인들이 '의의 문' 즉 '여호와의 문'으로 들어간다는 것이다. 그리고 내가 그리로 들어가 여호와께 감사하겠다는 것이다. 그 이유는 주께서 내게 응답하시고, 나의 구원이 되셨기 때문이라는 것이다.

5) 이제 내가 성전으로 입장하여, 즉 의의 문으로 들어가서 여호와께 감사하겠다는 것이다. 그것도 다른 사람이 아니라, 바로 구원의 은혜를 경험한 바로 내 자신이 주께 감사하겠다는 것이다. 구원받기

위해서 감사하는 것이 아니라, 구원받았기 때문에 성전문에 들어가서 여호와께 감사하겠다는 것이다. 이제는 내 자신이 감사하겠다는 것이다. 그리고 이렇게 주께서 내게 응답하시고, 나의 구원이 되셨기 때문에 그 결과 '건축자의 버린 돌이 집모퉁이의 머릿돌'이 되었다는 것이다.

6) 이 모든 것을 '여호와께서 행하신 것이요'와 '이 날은 여호와께서 정하신 것이라'고 한다. 이것은 시편 118:17의 '…여호와께서 하시는 일을 선포하리로다'라는 말씀과 연결되고 있다. 그래서 내가 죽지 않고 살았다는 것이다. 이 모든 일을 행하신 분이 다른 분이 아니라 여호와이시라는 것이다. 여호와께서 구원의 날을 정해 놓으시고 그대로 행하셨다는 것이다. 새롭게 인생이 다시 태어난 날이라는 것이다. 새롭게 창조함으로 지으신 날이라는 것이다.

여호와여, 우리를 구원하소서! 여호와여, 우리에게 성공을 주소서!
Save now, I beseech thee, O Lord: O Lord, I beseech thee, send now
prosperity.
시편 118:25

07

여호와의 이름으로
오는 자

07 여호와의 이름으로 오는 자

성경 : 시편 118 : 25 – 27

> **서론** 시편 118편의 앞에 있는 시편 113-117편은 출애굽의 할렐시이다. 그리고 뒤에 있는 시편 120-134편은 시온의 순례시이다. 이러한 시편 118편은 출애굽의 구원을 받고, 시온을 향하여 걸어가는 자들이 어떻게 해야 하는지를 가르쳐 주고 있다. 한마디로 여호와께 감사하라는 것이다. 이러한 시편 118편은 시편 118:1과 118:29이 서로 수미쌍관(inclusio)를 이루고 있다.

1) 시편 118편은 크게 세 부분으로 나눌 수 있다.

첫째는 시편 118:1-4이다. 여호와께 감사하라는 것이다. 감사해야 할 이유와 그 대상에 대해서 말씀하고 있다. 둘째는 시편 118:5-27이다. 여호와께 감사해야 할 이유를 구체적으로 말씀하고 있다. 구원의 경험에 대해서 감사하고 있다. 구원의 보고와 감사의 의식에 대해서 말씀하고 있다. 셋째는 시편 118:28-29이다. 여호와께 감사하라는 것이다. 감사 다짐의 수행과 감사해야 할 이유에 대해서 말씀하고 있다. 이것을 구조적으로 보면 다음과 같다.

A 시 118:1-4 여호와께 감사하라

   B 시 118:5-27 구원의 보고와 감사의 의식

A' 시 118:28-29 여호와께 감사하라

2) 그 중에서 본론 격인 시편 118:5-27은 다시 크게 두 부분으로 나눌 수 있다.

시편 118:5-18과 시편 118:19-27이다. 먼저 성전을 중심으로 전반부와 후반부로 나누어진다. 전반부 시편 118:5-18은 성전 문 밖에서 말씀하고 있고, 후반부 시편 118:19-27은 성전 문 안에서 말씀하고 있다. 또 전반부에서는 주로 '나'를 중심으로 말씀이 전개되고 있다. 그러나 후반부에서는 그 중심이 '나'에서 '우리'로 전환되어 말씀이 전개되고 있다. 개인적인 것에서 공동체로 나아가고 있다.

3) 시편 118편의 본론의 전반부인 시편 118:5-18은 다시 세밀하게 나눌 수 있다.

하지만 크게 두 부분으로 나누면, 하나는 시편 118:5-12이다. 외적인 관점에서의 구원의 경험을 말씀하고 있다. 다른 하나는 시편 118:13-18이다. 내적인 관점에서 구원의 경험을 말씀하고 있다.

4) 시편 118편의 본론의 후반부인 시편 118:19-27도 다시 세밀하게 나눌 수 있다.

하지만 크게 두 부분으로 나누면, 하나는 시편 118:19-24이다. 성전 문에서의 대화 즉 감사의 의식을 말씀하고 있다. 다른 하나는 시편 118:25-27이다. 성전 안에서의 대화 즉 감사의 의식을 말씀하고 있다.

5) 시편 118:21에서 '내가 주께 감사하리이다'라고 하면서 시작하고, 시편 118:28에서 '내가 주께 감사하리이다'라고 하면서 끝을 맺으면서 시편 118:21과 시편 118:28이 서로 수미쌍관(inclusio)을 이루고 있다.

구원의 경험에 대한 감사와 그 감사 다짐을 수행하고 있다. 이러한 말씀의 중심에 시편 118:25-27이 있다. 이것을 구조적으로 보면 다음과 같다.

A 시 118:21-24 내가 주께 감사하리이다. / 시 118:22-24 여호와께서 행하신 것이요

  B 시 118:25-27 축사 / 시 118:25-26 여호와여 구하옵나니 이제 형통하게 하소서

A' 시 118:28-29 내가 주께 감사하리이다. / 시 118:27-28 여호와는 하나님이시라

1. 여호와여 구하옵나니

1) 시편 118:24에서 시편 기자는 여호와의 정하신 날에 누릴 즐거움과 기쁨을 피력했다. 그럼에도 불구하고 시편 118:25에서 다시 구원과 형통을 구하고 있다. 시편 118:25은 미래의 지속적인 구원과 형통케 하심을 간구하는 것이라고 생각하면 자연스러울 것이다.

2) 그리고 한걸음 더 나아가서 시편 118:25은 종말의 날에 완성될 구

원과 형통을 대망하여 예언하는 의미를 지니고 있다고 볼 수도 있다. 여호와의 구원이 일회적으로 끝나지 않고, 지속되는 것으로 본다면 '이제 구원하소서', '이제 형통하게 하소서'라는 말씀을 충분히 이해할 수 있을 것이다. 아직 위기는 끝나지 않았기 때문에, 여호와께 지속적으로 구원해 달라고 간구해야 하는 것이다. 그리하여 하나님을 향하여 구원과 형통케 하심을 간절히 간구하고 있다.

3) 이제 시편 118:26에서는 그러한 간구가 응답이 되어 여호와의 이름으로 오는 자에 의하여 구원이 성취된 것을 말씀하고 있다(마 11:3, 눅 19:38). 여호와의 이름으로 오는 자에게 복이 있음을 선언하고 있다. '여호와의 이름으로 오는 자'는 궁극적으로 메시아 즉 그리스도를 나타내는 것이다.

4) 시편 118:26 상반절의 '여호와의 이름으로 오는 자'에 대하여는 메시아되신 예수님이 영광의 입성을 할 때 송축하면서 인용한 말씀이므로(마 21:9), 하반절은 백성에 대한 말씀이며 이는 축복이다. 어떤 견해를 취하여도 결국 장차 종말의 날에 메시아의 통치 아래 있는 의인들을 향한 축복 선언으로 볼 수 있다는 점만은 분명하다. 예루살렘으로 입성하시는 예수님을 이스라엘을 구원할 왕으로 환영하는 백성들이 이 말씀을 인용한 것이다(마 21:9, 막 11:9, 눅 19:38, 요 12:13).

2. 여호와는 하나님이시라.

1) 여호와의 이름으로 오는 자가 복이 있다. 이는 여호와의 집 즉 성
   전에서 제사장들이 축복하는 말이다. 우리가 너희를 축복한다. 구
   원의 은총과 응답으로 축복을 받은 자가 또 다른 너희를 축복하는
   것이다. 축복의 통로를 말씀하고 있다. 그러면 그 축복의 기원은
   어디인가? 누가 축복하는 것인가? 축복을 받은 자는 누구에게 신
   앙의 고백을 해야 하는가?

2) 제사장의 축복을 받은 백성들은 최종적으로 시편 118:27과 같이
   '여호와는 하나님이다'라는 신앙을 고백하게 되는 것이다. 백성들
   은 시편 기자인 왕과 그의 군대의 구원과 승리를 허락하신 여호와
   하나님에 대한 최종적인 고백을 하고 있다. 그것은 여호와는 하나
   님이시라는 고백이다.

3) 여호와가 하나님이신 증거는 '우리에게 빛을 비추어 주셨다'는
   데 있다(민 6:24). 여호와께서 비춰주신 빛은 승리와 축복의 상징
   으로서, 재앙과 패배를 상징하는 어둠을 물리치게 되는 것이다(암
   5:18). 여기에서 강조점은 '우리에게'이다. 구원의 빛을 '우리에
   게' 비추셨기 때문이다(민 6:25).

4) 시편 118:27 하반절은 하나님께 드려질 제물을 가지고 와서 희생
   제물을 여호와께 드리라는 권면으로 볼 수 있다. 그 이유는 상반절
   에서 기록되었듯이 하나님만이 어둠과 곤경 가운데서 빛을 비추
   시며 참되고 온전한 구원을 베푸셨기 때문이다. 은혜를 베풀어 주

신 여호와 하나님께 절기 제물, 혹은 희생 제물을 드려 제사하겠다는 서원을 하고 있는 것이다. 제물을 드리는 서원이 핵심이다.

> **결론** 시편 118편은 전체적으로 볼 때 '여호와께 감사하라 그는 선하시며 그의 인자하심이 영원함이로다'라는 말씀을 시편 118:1과 시편 118:29에 기록함으로써 서로 수미쌍관(inclusio)을 이루고 있다. 시편 118편을 크게 세 부분으로 나눌 수 있다. 그 중심부는 시편 118:5-27이다. 중심부는 다시 전반부(시 118:5-18)와 후반부(시 118:19-27)로 나눌 수 있다. 성전을 중심으로 성전 밖과 성전 안으로 나누어진다. 또한 나 중심에서 우리 중심으로 변화되고 있다.

1) 전반부는 시편 118:5-18이다. 성전 밖에서 구원의 경험을 말씀하고 있다. 주로 나 중심, 시편 기자의 개인적인 체험 부분을 강조하고 있다. 이 부분은 다시 세 부분으로 나누어지고 있다.

2) 첫째는 시편 118:5-9이다. 시편 기자는 고통 가운데 사람을 의지하고 싶은 유혹을 많이 받았지만, 여호와를 의지하기로 작정한다. 여호와께 부르짖어, 응답을 받았다(시 118:5). 그 이유는 시편 기자가 여호와가 내 편이시라는 사실을 두 번이나 천명하면서 강조하고 있는 데서 알 수 있다(시 118:6-7). 그리고 여호와께 피하는 것이 사람과 고관들을 신뢰하는 것보다 낫다는 지혜의 결론을 내리고 있다(시 118:8-9).

3) 둘째는 시편 118:10-14이다. 시편 기자는 자신의 고난과 위기를 부각시키고 있다. 뭇 나라에 포위되었고(시 118:10), 그들 즉 시편 기자를 미워하는 대적들이 겹겹이 에워쌌다(시 118:11). 벌떼처럼 에워쌌다(시 118:12). 4번이나 에워쌈을 강조하면서 반복하고 있다. 그러나 그 대적들은 가시덤불의 불처럼 순식간에 사라져 버렸다는 것이다(시 118:12). 시편 기자가 그들을 '여호와의 이름'으로 물리쳤다는 것이다. 이것 역시 3번이나 계속 반복하면서 강조하고 있다. 군대의 용사처럼 여호와께서 나를 도우셨기 때문이라는 것이다(시 118:13). 그래서 옛날 모세처럼 여호와는 나의 능력, 나의 찬송, 나의 구원이라고 찬양하는 것이다.

4) 셋째는 시편 118:15-18이다. 시편 기자는 전쟁 용사의 능력과 위엄을 상징하는 '여호와의 오른손'을 강조하고 있다. 그것도 세 번이나 계속 반복하면서 강조하고 있다(시 118:15-16). 그래서 의인들의 장막에 기쁜 소리, 구원의 소리, 승리의 소리가 있었다는 것이다. 이것은 구원과 승리가 자신의 지략이나 용기에 의해서가 아니라, 여호와의 오른손의 능력 때문이었음을 고백하고 있다. 따라서 시편 기자가 사람과 고관들을 신뢰하지 않고 여호와께 피하는 것은 올바른 선택이었다(시 118:8-9). 따라서 시편 기자는 죽지 않고 살아서 여호와의 영광을 선포하겠다고 작정하고 있다(시 118:17-18).

5) 후반부는 시편 118:19-27이다. 성전 안에서 구원에 대한 감사를 말씀하고 있다. 시편 기자 개인을 통해서 이제 우리가 중심이 되어

공동체적인 감사의 고백과 결단을 하게 한다. 이 부분은 다시 크게 세 부분으로 나누어지고 있다.

6) 첫째는 시편 118:19-21이다. 성전의 입장 의식을 말씀하고 있다. '의의 문'(시 118:19)과 '여호와의 문'(시 118:20)이 한 쌍을 이루고 있다. 시편 기자는 개선 장군으로 '개선문'으로 들어가 여호와께 감사하겠다고 서원을 한다(시 118:19). 오직 의인만이 그 안으로 들어갈 수 있다는 것이다. 이제 시편 기자는 이 문을 통과하여 성전 안으로 들어가 '내가 주께 감사하겠다'고 한다. 감사의 제사를 드린다는 것이다(시 118:21).

7) 둘째는 시편 118:22-24이다. 시편 기자는 성전 안으로 들어와 축제에 참여하고 있다. 그래서 지금까지 1인칭 단수 '나' 중심에서 이제는 1인칭 복수 '우리'로 전환되고 있다. 모든 성도들과 함께 자신이 받은 구원의 의미를 전하고 있다. 집 짓는 사람들이 버린 돌이 집 모퉁이의 머릿돌이 되었다는 것이다. 이것은 여호와께서 하신 일이니 우리의 눈에 참으로 기이한 일이라는 것이다(시 118:23). 뿐만 아니라, 이 날은 여호와께서 정하신 날이라는 것이다. 따라서 우리가 즐거워하고 기뻐한다는 것이다(시 118:24).

8) 셋째는 시편 118:25-27이다. 일종의 축사이다. 여호와께 구원과 형통함을 구하고 있다(시 118:25). 여호와의 이름으로 오는 분을 위한 축복을 하고 있다(시 118:26). 종려나무 가지를 손에 들고 제단을 도는 축제의 행렬을 하고 있다(시 118:27). 여호와는 하나님

이시라고 한다. 그 여호와 하나님이 우리에게 빛을 비추셨다. 여호와의 절기를 지키면서 제물을 제단 뿔에 드리는 것이다. 감사의 고백과 결단을 드리는 것이다. 우리가 여호와의 집에서 너희를 축복하였다는 것이다. 우리를 통한 너희의 축복을 말씀하고 있다. 그것도 누구를 통해서? 여호와의 이름으로 오는 자를 통해서 말이다. 또 어디에서? 여호와의 집에서 이루어지는 축복을 말씀하고 있다.

9) 시편 118:25-26의 말씀이 예수님이 예루살렘에 입성하실 때 "앞에서 가고 뒤에 따르는 무리가 소리 높여 이르되 호산나 다윗의 자손이여, 찬송하리로다 주의 이름으로 오시는 이여 가장 높은 곳에서 호산나 하더라"(마 21:9)라고 하면서 그대로 예언이 성취되고 있다. 이것을 요한복음에서는 명절에 온 큰 무리가 예수님께서 예루살렘에 오신다는 소식을 듣고 "종려나무가지를 가지고 맞으러 나가 외치되 호산나 찬송하리로다 주의 이름으로 오시는 이 곧 이스라엘의 왕이시여 하더라"라고 말씀하고 있다(요 12:13).

주는 나의 하나님이시니 내가 주께 감사드립니다. 주는 나의 하나님이시니 내가
주를 찬양합니다.
Thou art my God, and I will praise thee: thou art my God, I wil exalt thee.
시편 118:28

08

내가 주께 감사하리이다

08 내가 주께 감사하리이다

성경 : 시편 118 : 28 - 29

> **서론** 시편 118편은 크게 세 부분으로 나눌 수 있다. 첫째는 시편 118:1-4이다. 둘째는 시편 118:5-27이다. 셋째는 시편 118:28-29이다. 이것을 구조적으로 보면 다음과 같다.
>
>   A 시 118:1-4 여호와께 감사하라
>   B 시 118:5-27 구원의 보고와 감사의 의식
>   A' 시 118:28-29 여호와께 감사하라

1) 시편 118:5-27은 전반부(시 118:5-18)와 후반부(시 118:19-27)로 다시 나눌 수 있다.

 후반부에서는 놀랍게도 시편 118편과 사복음서가 하나님의 구원 사역을 서로 역순서로 기록하고 있다.

2) 시편 118:22에서 "건축자가 버린 돌이 집 모퉁이의 머릿돌이 되었나니"라고 하면서 주와 그리스도의 승리를 말씀하고 있다.

 시편 118:25-26에서는 '호산나' 즉 '구원하소서'라고 하면서 '주의 이름으로 오시는 이' 즉 예수 그리스도께서 예루살렘 성에 입성하

는 것을 예언적으로 말씀하고 있다. 시편 118:27에서는 절기 제물을 제단 뿔에 맬지어다라고 하면서 희생 제물을 드릴 것을 말씀하고 있다. 이렇게 승리-수난-입성-희생 제물 순으로 배열되어 있다.

3) 그러나 복음서에는 희생 제물-입성-수난-승리 순으로 배열되어 있다.

시편이 복음서와 역순서로 기록한 이유는 승리를 위해서 희생이 필요함을 강조하기 위한 것이다. 고난을 통한 영광을 말씀하고 있다.

4) 이렇게 시편 118편의 중심에 자기를 도우신 여호와께 대한 신앙적 결단이 나타나고 있다.

따라서 시편 118편의 핵심은 시편 기자가 '내가 여호와 하나님께 어떻게 하겠다'는 신앙적 결단에 있다고 할 수 있다. 여호와 하나님의 선하심과 인자하심에 대한 감사와 찬양의 노래와 더불어 장차 어떻게 하면서 살 것인가에 대한 분명한 시인의 결단이 나타나고 있다. 그것은 한 마디로 여호와께 감사하겠다는 것이다. 또한 감사하라는 것이다.

1. 주는 나의 하나님이시라.

1) 시편 118:28에서 '주는 나의 하나님이시라'고 한다. 주를 자신의

하나님으로 고백하고 있다. 또한 '여호와는 하나님이시라'는 말씀을 반복하고 있다. 시편 118:14에서 여호와는 나의 능력과 찬송이며, 나의 구원이 되셨다고 했다(출 15:2). 그 여호와 하나님이 구원의 빛, 승리의 빛을 주셨는데, 그 여호와, 당신이 바로 나의 하나님이시라는 것이다. 그렇기 때문에 내가 그를 찬송할 것이고, 내가 그를 높일 것이라고 했다.

2) 그런데 반해 시편 118:28에서는 내가 그를 찬송할 것이고, 내가 그를 높일 것이라는 말씀 대신에 '내가 주께 감사하리이다'라고 한다. 또 '내가 주를 높이리이다'라고 한다.

3) 먼저 '내가 주께 감사하리이다'라고 말씀하고 있다. 한마디로 그 여호와 하나님에 대하여 감사하겠다는 의지와 다짐을 하고 있다. 이 말씀은 시편 118:21의 말씀과도 밀접하게 연결되어 있다. 시편 118:28은 당신이 나의 하나님이시기 때문에 그 자체만으로도 내가 당신께 감사하겠다는 것이다.

4) 그 다음 '내가 주를 높이리이다'라고 한다. '내가 주께 감사하리이다'라는 말씀보다 강조의 의미가 더해지면서 '내가 주를 높이리이다'라고 강조하고 있다. 단순히 감사의 차원을 뛰어넘어 내가 당신을 높이겠다는 것이다. 높이 떠받들겠다는 것이다. 최고의 찬사와 영광을 돌려드리겠다는 것이다. 그 이유는 '주는 나의 하나님이시라'는 사실 때문이다.

2. 여호와께 감사하라.

1) 시편 118:29은 시편 118:1의 말씀과 완전히 똑같다. 철자 한 자도 틀리지 않고 완벽하게 동일하다. 이처럼 시편 118:1과 시편 118:29 즉 서두와 결미, 처음과 마지막을 동일하게 표현함으로써 수미쌍관(inclusio)을 이루고 있다. 이것이 시편 118편의 핵심 주제임을 보여주고 있다. 이렇게 시편 118편은 처음과 끝에 모두 '여호와께 감사하라'고 한다. 여호와 당신이 나의 하나님이시기 때문이다.

2) 시편 118:1과 시편 118:29이 모두 동일하게 접속사 '키'(ㄱ)로 연결되면서 여호와께 감사해야 할 이유에 대해서 말씀하고 있다. 그것도 '키'가 두 번이나 사용되면서 반복하고 있다.

3) 먼저 여호와께 감사해야 할 이유를 '선하심'에서 찾고 있다. 선하심은 '토브'이다. '토브'는 단순히 도덕적인 선만을 의미하지 않는다. 감정적인 만족과 어떤 물건이나 결과물의 형상이나 내용에 대한 만족 등 모든 면에 있어서 최상의 상태를 나타내는 표현이다. 그래서 '토브'는 하나님이 천지를 창조하실 때에 '하나님 보시기에 좋았더라'는 말씀과 같은 단어이다. 하나님께서 친히 창조하신 모든 피조물에게 언제나 좋은 것으로 베풀어 주시는 분이라는 점을 강조하고 있다.

4) 그 다음으로 시인은 여호와께 감사해야 할 이유를 그의 인자하심이 영원하기 때문이라고 한다. '인자'는 헤세드(ㄱㅇㄱ)이다. 우리말로 '인자'는 단순히 상대방에게 베푸는 호의 정도의 의미를 지니지만,

히브리어에서는 보다 포괄적인 의미인 친절함, 상냥함, 관대함 등의 의미로 자비, 긍휼, 사랑 등과 동의어적 표현이기도 하다. 특별히 '헤세드'는 하나님께서 친히 택하신 하나님의 백성에 대하여 한결같이 베푸시는 언약에 입각한 사랑을 의미한다.

5) 그렇지만 시편 118:29은 시편 118:1과 문맥상의 차이가 있다. 시편 118편을 마무리하면서 시편 기자는 자신이 경험한 여호와 하나님을 다시 한 번 묵상하면서 여호와의 선하심과 인자하심 때문에 여호와께 감사해야 한다는 것이다.

> **결론** 성경은 총 1,189장으로 구성되어 있다. 구약성경이 929장이다. 신약성경이 260장이다. 그 중앙의 장은 594-595장이다. 따라서 구약성경 율법서 187장 + 역사서 249장 + 욥기 40장 + 시편 118편이 바로 그 중앙이다.

1) 시편 118편을 중심에 두고 바로 앞이 시편 117편이다. 시편 117편은 성경 전체의 장 중에서 가장 짧은 장이다. 단 2절로 되어 있다. 가장 짧지만 결코 간과할 수 없는 소중한 장이다. 왜냐하면 로마서 15:11에서 인용하고 있기 때문이다.

2) 그런데 반해 시편 118편을 중심에 두고 바로 뒤는 시편 119편이다. 시편 119편은 성경 전체의 장 중에서 가장 긴 장이다. 무려 176절로 되어 있다. 그것도 히브리어 알파벳이 22자인데, 22자 x8절로 구성되어 있다. 토라 즉 율법시이다. 따라서 시편 118편은

성경 전체의 장 중앙에 위치해 있을 뿐만 아니라, 성경 전체의 축약판이라고 할 수 있다. 이것을 구조적으로 보면 다음과 같다.

시편 117편	시편 118편	시편 119편
성경에서 가장 짧은 장	성경에서 가장 중심 장 여호와께 감사하라	성경에서 가장 긴 장

3) 시편 113-117(118)편은 출애굽의 할렐시이다. 출애굽의 할렐시가 여기에 기록된 것은 열국의 지배를 받고 있는 바벨론 포로 후기의 상황이 과거 애굽의 지배를 받았던 이스라엘의 상황과 비슷하기 때문이다. 그래서 시편 113-117(118)편은 과거에 하나님이 출애굽을 통해 이스라엘을 구원해 주셨듯이 포로 후기 공동체에게 또 다른 출애굽의 은혜를 베풀어 주실 것을 기원하고 있다. 더 나아가서 애굽 할렐 시는 출애굽의 이상이었던 하나님의 나라의 완성을 간구하는 뜻을 담고 있다.

4) 시편 119편에서 땅의 축복을 누리기 위해서 공동체는 지속적으로 마음에 율법을 새기도록 말씀하고 있다. 이러한 시편 119편 뒤의 시편 120-134편에서는 성전에 올라가는 노래를 통해서 마음에 율법을 새긴 자가 시온에서 하나님이 베푸시는 복들 즉 평강, 보호, 수고한 대로 먹음, 자식의 축복, 가정과 공동체의 번영 등을 누리게 될 것을 노래하고 있다(시 121:6, 122:8-9, 127:1-3, 128:2-3). 이러한 연결은 결국 시온에서 하나님의 통치라는 축복을 받기 위해서는 적어도 율법에 순종해야 한다는 것이다. 이것을 구조적

으로 보면 다음과 같다.

시편 113-117편	시편 118편	시편 119편	시편 120-134편
출애굽 할렐시	감사하라(감사시)	토라(율법시)	시온의 순례시
출애굽	출애굽 / 시온(성전)	율법	시온(성전)
유월절(장막절)		오순절(시내산)	장막절

5) 따라서 시편 118편은 그와 같은 엄청난 구원을 베푸신 여호와 하나님께 구원받은 자로서 어떻게 해야 하는지를 말씀하고 있다. 다시 말하면 그와 같은 구원을 경험하고, 체험한 자들이 마땅히 가져야 할 신앙적 자세에 대해 말씀하고 있다. 언약의 공동체가 보여야할 바람직한 신앙적 반응, 혹은 자세가 무엇인가? 한마디로 '여호와께 감사하라'는 것이다.

6) 주는 나의 하나님이시니 내가 주께 감사해야 한다. 또 주는 나의 하나님이시니 내가 주를 높여야 한다. 여호와 하나님의 속성, 본성 때문에 감사해야 한다는 것이다.

흠 없이 여호와의 법대로 사는 자는 복이 있다.
Blessed are the undefiled in the way, who walk in the law of the Lord.
시편 119:1

09

복이 있음이여

09 복이 있음이여

성경 : 시편 119 : 1 - 8

> **서론** Good - God = 0, 좋은 모든 것이 다 있어도 하나님이 없으면 꽝이다. 그러나 God + 0 = Good, 아무것도 없어도 하나님만 있으면 모든 것이 좋은 것이다. 시편은 총 150편인데, 5권으로 이루어져 있다. 오경적 구조로 이루어져 있다. 제1권에는 시편 1-41편이다. 제2권에는 시편 42-72편이다. 제3권에는 시편 73-89편이다. 제4권에는 시편 90-106편이다. 제5권에는 시편 107-150편이다. 그런데 이러한 시편의 각 권을 끝내는 마지막 절은 소위 '송영'이라고 불리는 구절들로 끝을 맺고 있다(시 41:13, 72:19, 89:52, 106:48, 150:6).

1) 시편 150편은 전체적으로 크게 세 부분, 서론과 본론과 결론으로 이루어져 있다.

시편 1-2편은 시편 전체의 서론을 이루고 있고, 또한 시편 제1권의 서론이기도 하다. 복으로 시작해서 복으로 끝을 맺고 있다. 이렇게 시편의 서론은 '누가 진정으로 행복한 자인가?', 혹은 '누가 진정 복 있는 왕인가?'라는 질문을 던지면서 시편을 시작하고 있다. 그리고 이러한 질문에 율법을 주야로 묵상하는 자, 바로 복된 왕이라는 것이다.

2) 시편 146-150편은 시편 전체의 결론을 이루고 있다.

또한 시편 제5권의 결론이기도 하다. 모두 '할렐루야'로 시작해서 '할렐루야'로 끝을 맺고 있다. 여호와 하나님을 찬양하라는 말씀으로 끝을 맺고 있다. 그러니까 율법을 주야로 묵상하는 왕이 복이 있다는 말씀으로 시작해서 여호와 하나님을 찬양하라는 말씀으로 끝을 맺고 있다. 즉 '인간-왕'에 초점을 맞춰서 시작했다가, '하나님-왕'으로 끝나는 것이다.

3) 성경 전체의 축약판이라고 할 수 있는 시편 117-119편은 성경 전체의 장 중앙에 위치해 있다.

시편 118편을 중심에 두고 바로 앞에는 시편 117편이며, 성경 전체의 장 중에 가장 짧은 장이다. 단 2절이다. 그런데 반해 시편 118편을 중심에 두고 바로 뒤에는 시편 119편이며, 성경 전체의 장중에서 가장 긴 장이다. 무려 176절이다. 그것도 히브리어 알파벳이 22자인데, 22자 x 8절로 구성되어 있다. 이것을 구조적으로 보면 다음과 같다.

시편 117편	시편 118편	시편 119편
성경에서 가장 짧은 장	성경에서 가장 중심 장 여호와께 감사하라	성경에서 가장 긴 장

4) 시편 113-117편은 출애굽의 할렐시이다.

과거에 하나님이 출애굽을 통해 이스라엘을 구원해 주셨듯이 포로 후기 백성들에게 또 다른 출애굽의 은혜를 베풀어 주실 것을 기원하고 있다. 유월절을 기념하며 불렀던 노래이다(마 26:30, 막 14:26). 출애굽을 통해서 구원을 받은 자가 어떻게 해야 하는가? 한마디로 여호와를 찬양해야 한다는 것이다. 시편 117편은 찬양에서 시작하여 찬양으로 끝을 맺고 있다. 그리고 이어서 시편 118편에서 여호와께 감사해야 한다는 것이다. 시편 118편은 감사로 시작하여 감사로 끝을 맺고 있다. 찬양과 감사는 뗄 수 없는 관계이다.

5) 여호와께 감사하기 위해서 어떻게 해야 하는가?

시편 118편 뒤의 시편 119편을 통해 마음에 율법을 새기라는 것이다. 땅의 축복을 누리기 위해서는 지속적으로 마음에 율법을 새기도록 말씀하고 있다. 이러한 시편 119편 뒤에 시편 120-134편의 성전에 올라가는 노래가 있다. 율법을 마음에 새긴 자가 시온에서 하나님이 베푸시는 복들 즉 평강, 보호, 수고한 대로 먹음, 자식의 축복, 가정과 공동체의 번영 등을 누리게 될 것을 노래하고 있다(시 121:6, 122:8-9, 127:1-3, 128:2-3). 이것을 구조적으로 보면 다음과 같다.

시편 113-117편	시편 118편	시편 119편	시편 120-134편
출애굽 할렐시	감사하라(감사시)	토라(율법시)	시온의 순례시
출애굽	출애굽 / 시온(성전)	율법	시온(성전)
유월절(장막절)		오순절(시내산)	장막절

6) 이것은 성경 전체를 요약해서 그대로 말씀하는 것이다.

성경에 기록된 대로 출애굽에서 시온의 순서로 기록하고 있다. 다시 말하면 시편 118편과 시편 119편을 중심으로 '출애굽의 하나님'(시 113-117편)과 '시온의 하나님'(시 120-134편)이 주제로 이루어져 있다. 그래서 시편 119편을 루터는 '황금의 ABC'(Golden ABC)라고 했다. 델리취는 '신자의 황금 입문서'라고 했다. 스펄전은 '진리의 학교'라고 했다. 샌더스는 유대교와 기독교의 역사에서 가장 애송되는 시로, '가장 인기 있는 시'라고 했다. 시편 119편은 모든 시편 중 가장 짜임새 있고 가장 잘 다듬어져 있는 시이다. 성경 전체의 최고봉이라고 할 수 있다.

1. 복 있는 자는 여호와의 율법을 따라 행하는 자이다.

1) 시편 119:1은 우리말 개역개정과 달리 원문은 '복이 있도다' 즉 '아쉬레'(אַשְׁרֵי)로 시작하고 있다. 히브리어 첫 번째 자음인 '알렙'(א)으로 시작하고 있다. 제1연 전체가 '알렙'(א)으로 매 절을 시작하고 있다. 복 있는 사람은 누구인가? '행위가 온전하여'라고 한다. 여호와의 율법을 따라 걸어가는 자들이다.

2) 시편 119:2에서 다시 우리말 개역개정과 달리 원문은 '복이 있도다'라고 한다. 누가 복이 있다고 하는가? 여호와의 증거들을 지키고, 전심으로 여호와를 구하는 자이다. 시편 119:1과 병행을 이루

고 있다. 따라서 시편 119:1-2에서 복 있는 자들은 여호와의 말씀
을 따라 인생을 살아가는 자들이다.

3) 시편 119:3은 원문은 '알렙'(א)으로 시작하면서 '아프 로'(אַף לֹא)
를 사용하고 있다. 실로, 참으로 복이 있는 사람은 불의를 행하지
아니한다는 것이다. 그래서 복 있는 사람은 주의 도를 행하는 것이
다. 이처럼 복 있는 자들의 말씀에 대한 행위를 강조하고 있다.

4) 시편 119:4 역시 '알렙'이란 두운으로 시작하여, 명령의 주체를 분
명히 강조하기 위해서 2인칭 대명사 '아타'(אַתָּה)로 시작하고 있다.
또한 '주의 법도'에서도 2인칭 접미어가 붙어 당신께서 명령하신,
당신의 법도를 그대로 잘 지키겠다는 것이다. 시편 119:1-4은 복
된 사람이 걷는 길에서 이제 관심은 '주께' 있다. 주께서 명령하셨
기에 그 응답으로 최선을 다해 잘 지키겠다는 것이다. 이것이 우리
가 행해야 할 가장 중요한 사명이다.

2. 복 있는 자는 주의 율례를 지키기로 결단하는 자이다.

1) 이렇게 시편 119:1-4에서는 여호와의 율법, 여호와의 증거들, 여호
와를 구하는 자들, 주의 도(그의 길), 주께서 명령하사(당신이 명령하사),
주의 법(당신의 법)이라는 아주 다양한 표현을 통해서 한마디로 여호
와의 토라, 여호와 하나님의 말씀을 행하고, 지키는 자가 복이 있다
는 것이다. 먼저 행함을 강조하고, 이어서 지키는 것을 강조했다.

2) 시편 119:5-8에서는 1인칭 단수를 사용하고 있다. "내 길, 내가, 나를"이라는 말씀을 사용하고 있다. 주께서는 시편 기자의 삶을 건강하고 윤택하게 할 수 있는 진리와 법도를 주셨지만, 순종하여 복을 받을 것인지, 아닌지는 각자 자신에게 달려 있다는 것을 강조하고 있다. 그래서 시편 기자는 자기 자신이 여호와 하나님의 말씀대로 살아갈 수 있기를 간구하고 있다. 복이 있는 사람이 되기를 소원하고 있다.

3) 시편 119:5에서 '내 길을 굳게 정하사' 마음에 철저하게 새겨서 잘 지키게 해 달라는 것이다. 내가 주의 율례를 온전히 순종할 수 있었으면 좋겠다는 소원을 아뢰고 있다. 그러면서 시편 119:6은 '아즈로'(אזר לא)로 시작하면서 시편 119:3과 같이 부정적인 것을 말씀하고 있다. 시편 119:5의 논리적 결과를 말씀하고 있다. 복된 삶은 단지 출세와 성공을 의미하지 않고, 사회 속에서의 명예와 존경을 의미하기 때문에 '수치를 당하지 않도록' 소원하고 있다. 내가 주의 모든 계명에 주의할 때 부끄러움을 당하지 않을 것이라는 것이다.

4) 이제 시편 119:7에서는 하나님의 말씀에 대한 또 다른 표현으로 '주의 의로운 판단'이라고 하면서, 그 의로운 판단의 말씀을 배운다는 것이다. 반복적으로 훈련한다는 것이다. 그래서 정직한 마음으로 주께 감사한다는 것이다.

5) 시편 119:8에서 하나님의 말씀을 따라 살겠다는 순복의 결단과 더불어 하나님을 향하여 자신을 버리지 마시기를 간구하고 있다. 다

시 시편 119:5에서 사용한 '주의 율례'라는 말씀을 사용하면서, 가슴에 새겨진 말씀을 그대로 지키겠다는 것이다. 배우고, 깨달은 말씀을 그대로 지키겠다는 것이다.

> **결론** 시편은 총 150편으로, 모세오경과 같이 5권으로 이루어졌다. 그 중에 제5권은 시편 107-150편이다. 결론 부분인 시편 146-150편의 할렐루야 시편을 제외하고 나면, 시편 107-145편으로 구성되어 있다.

1) 시편 107편과 시편 145편은 두 가지 차원에서 수미쌍관(inclusio) 구조를 형성하고 있다. 하나는 주 여호와의 우주적 통치와 구원하심이다(시 107:1-32, 145:1, 13). 다른 하나는 지혜 모티브 차원이다(시 107:42-43, 145:19-20). 이것을 구조적으로 보면 다음과 같다.

시편 107편	시편 145편
. 여호와께 감사하라(1, 8, 32절)	. 여호와를 송축하라(1, 10, 21절)
. 여호와의 인자하심(1, 8, 32절)	. 여호와의 인자하심(8, 17절)
. 인생을 향한 주의 기적(8, 15절)	. 인생을 향한 주의 영광(12절)
. 높은 자를 낮추고, 가난한 자를 구원하심(39-41절)	. 넘어진 자와 비굴한 자를 높여주심(14절)
. 주린 자를 채워주심(9, 36절)	. 양식을 주심(15절)
. 영혼을 만족시키심(9절)	. 소원을 만족시키심(16절)
. 부르짖는 자에게 응답하심(6, 13절)	. 부르짖는 자를 들으심(18, 19절)
. 악인은 입을 닫게 될 것임(42절)	. 악인의 멸망(20절)

2) 그 안쪽으로 2개의 다윗 시편 모음집이 배열되어 있다. 다윗의 시 모음집이 앞(시 108-110편)과 뒤(시 138-144편)에 감싸고 있다. 첫 번째 모음집인 시편 108-110편에서는 시인이 여호와께 구원을 요청하고(시 108:6, 12, 109:21-31) 여호와가 시온에서 응답하신다면(시 110:2), 두 번째 모음집인 시편 138-144편에서는 시인이 시온(성전)에서 응답하신 여호와께 감사를 드리고(시 138:3-7) 곧 이어 구원과 보호를 요청한다(시 140:1, 6, 141:1, 142:6, 143:1, 7, 12, 144:6-7, 10-11). 이것을 구조적으로 보면 다음과 같다.

첫번 째 다윗 모음집		두번 째 다윗 모음집	
시 108-110편		시 138-144편	
시 108-109편	시 110편	시 138편	시 139-144편
구원 요청	시온에서 응답	시온에서 응답	구원 요청

3) 이렇게 양쪽에 자리한 다윗의 시 모음집 안쪽으로 시편 111-118편과 시편 120-136편의 두 단락이 배열되어 있다. 이 두 단락은 "출애굽의 하나님"과 "시온의 하나님"을 주제로 다루고 있다. 이렇게 시편 제5권을 전체적으로 보면 교차대칭구조로 이루어져 있다. 이러한 시편 제5권의 정중앙, 중심에 시편 119편이 위치하고 있다.

    A. 시편 107편(서론) - 지혜 있는 자는 여호와의 인자하심을 깨달으라(43절)

    B 시편 108-110편 다윗의 시

    C 시편 111-118편 온 열국과 만물을 다스리시는 하나님

D 시편 119편 – 율법 시 : 마음에 율법을 새김

C'시편 120-137편 시온에서 다스리시는 하나님

B' 시편 138-144편 다윗의 시

A' 시편 145편(결론) – 왕이신 여호와의 인자하심을 찬양하라(1,

8, 11–13절)

후렴 146-150편 – 찬양

4) 시편 119편은 각 구절이 히브리어 알파벳 순서에 따라 시작하는 거대한 이합체 혹은 답관체 시편이다. 답관체란 머리를 밟아가는 체라는 뜻으로 한 시의 행이나 연의 첫 머리에 알파벳 순서로 된 단어가 규칙적으로 등장하도록 시를 지어 결국 시의 각 행이나 연의 첫 머리가 모든 알파벳을 순서대로 망라하게 되는 정형시의 한 형식을 말하고 있다. 이러한 답관체 시는 일상적으로 사용하는 알파벳을 규칙적으로 사용함으로써 시를 읽는 사람이나 듣는 사람으로 하여금 자연스럽고 친밀감을 느끼게 하고 있다.

1 אַשְׁרֵי תְמִימֵי־דָרֶךְ הַהֹלְכִים בְּתוֹרַת יְהוָה׃

2 אַשְׁרֵי נֹצְרֵי עֵדֹתָיו בְּכָל־לֵב יִדְרְשׁוּהוּ׃

3 אַף לֹא־פָעֲלוּ עַוְלָה בִּדְרָכָיו הָלָכוּ׃

4 אַתָּה צִוִּיתָה פִקֻּדֶיךָ לִשְׁמֹר מְאֹד׃

5 אַחֲלַי יִכֹּנוּ דְרָכָי לִשְׁמֹר חֻקֶּיךָ׃

6 אָז לֹא־אֵבוֹשׁ בְּהַבִּיטִי אֶל־כָּל־מִצְוֹתֶיךָ׃

7 אוֹדְךָ בְּיֹשֶׁר לֵבָב בְּלָמְדִי מִשְׁפְּטֵי צִדְקֶךָ׃

8 אֶת־חֻקֶּיךָ אֶשְׁמֹר אַל־תַּעַזְבֵנִי עַד־מְאֹד:

9 בַּמֶּה יְזַכֶּה־נַּעַר אֶת־אָרְחוֹ לִשְׁמֹר כִּדְבָרֶךָ:

10 בְּכָל־לִבִּי דְרַשְׁתִּיךָ אַל־תַּשְׁגֵּנִי מִמִּצְוֹתֶיךָ:

11 בְּלִבִּי צָפַנְתִּי אִמְרָתֶךָ לְמַעַן לֹא אֶחֱטָא־לָךְ:

12 בָּרוּךְ אַתָּה יְהוָה לַמְּדֵנִי חֻקֶּיךָ:

13 בִּשְׂפָתַי סִפַּרְתִּי כֹּל מִשְׁפְּטֵי־פִיךָ:

14 בְּדֶרֶךְ עֵדְוֹתֶיךָ שַׂשְׂתִּי כְּעַל כָּל־הוֹן:

15 בְּפִקֻּדֶיךָ אָשִׂיחָה וְאַבִּיטָה אֹרְחֹתֶיךָ:

16 בְּחֻקֹּתֶיךָ אֶשְׁתַּעֲשָׁע לֹא אֶשְׁכַּח דְּבָרֶךָ:

17 גְּמֹל עַל־עַבְדְּךָ אֶחְיֶה וְאֶשְׁמְרָה דְבָרֶךָ:

18 גַּל־עֵינַי וְאַבִּיטָה נִפְלָאוֹת מִתּוֹרָתֶךָ:

19 גֵּר אָנֹכִי בָאָרֶץ אַל־תַּסְתֵּר מִמֶּנִּי מִצְוֹתֶיךָ:

20 גָּרְסָה נַפְשִׁי לְתַאֲבָה אֶל־מִשְׁפָּטֶיךָ בְכָל־עֵת:

21 גָּעַרְתָּ זֵדִים אֲרוּרִים הַשֹּׁגִים מִמִּצְוֹתֶיךָ:

22 גַּל מֵעָלַי חֶרְפָּה וָבוּז כִּי עֵדֹתֶיךָ נָצָרְתִּי:

23 גַּם יָשְׁבוּ שָׂרִים בִּי נִדְבָּרוּ עַבְדְּךָ יָשִׂיחַ בְּחֻקֶּיךָ:

24 גַּם־עֵדֹתֶיךָ שַׁעֲשֻׁעָי אַנְשֵׁי עֲצָתִי:

청년이 어떻게 깨끗한 마음으로 살 수 있겠습니까? 다만 주의 말씀에 따라 사는
길밖에 없습니다.

Wherewithal shall a young man cleanse his way? by taking heed thereto

according to thy word.

시편 119:9

10

찬송을 받으실 주 여호와여

10 찬송을 받으실 주 여호와여

> **서론** 시편 119편은 율법의 탁월성을 노래하고 있다. '율법'을 강조하고 있다. 마음에 율법을 새기라는 것이다. 또 시편 119편은 성경 전체에서 가장 긴 장이다. 176절이다. 뿐만 아니라, 히브리어 알파벳 시이다. 히브리어 알파벳이 22개이므로, 알파벳 한 개에 각 8절씩으로 전체가 22연, 176절로 구성되어 있다.

1) 시편 119편은 율법의 중요성과 완전성을 강조하고 있다.

'율법'의 동의어로 '증거', '판단', '율례', '말씀'(다바르), '계명', '법도', '말씀'(이므라) 등 적어도 6개를 사용하면서 아주 다양하게 기록하고 있다. 이렇게 시편 119편은 인간이 자신을 신뢰하지 말고, 율법의 교훈에 귀를 기울이며 그것을 준행하는 삶을 살라고 가르쳐 주고 있다.

2) 시편 119:1-8은 첫 번째 연이며, '알렙'(א)으로 시작하고 있다.

제1연(시 119:1-8) 전체가 '알렙'(א)으로 매 절을 시작하고 있다. '복 있는 자'가 누구인지를 가르쳐 주고 있다. 크게 두 가지로 말씀하고 있다. 하나는 여호와의 율법을 따라 행하는 자이다. 전심으로 구하면서, 잘 지키는 자이다. 또 다른 하나는 스스로 주의 율례를 지키기로 소원하고 결단하는 자이다. 그래서 다른 사람이 복의 주인공이 아니라, 바로 '내가' 그 주인공이 되는 것이다.

3) 시편 119:9-16은 제2연이다. '알렙'(א)에 이어 '빼트'(ב)로 매 절을 시작하고 있다.

그러면서 시편 119:12에서 '찬송을 받으실 주 여호와여'(אַתָּה יְהוָה בָּרוּךְ)라고 한다. '빠루크 앗타 예흐와'(בָּרוּךְ אַתָּה יְהוָה)라는 말로 주 여호와 하나님을 찬양하며 영광을 돌린다는 것이다. 우리말 개역개정은 '앗타'를 '주'로 번역했지만, 원래는 2인칭 대명사로, 여호와여 '당신을' 찬양한다는 의미이다. 그러니까 복이 있는 사람은 여호와의 말씀을 행하면서 지킬 뿐만 아니라, 주 여호와를 찬양하는 것이다.

4) '찬송' 즉 '바라크'(בָּרַךְ)는, 무릎을 꿇고, 축복하고, 복을 주면서 찬양하는 것이다.

마치 여호와 하나님께서 인간에게 행하시는 것과 같이, 인간도 여호와 하나님을 향해서 찬양하는 것이다. 여호와 당신께서는 신실하시며, 찬송을 받으시기에 합당한 분이기에 경배하는 것이다. 이것은 여호와 하나님과의 인격적 관계와 친밀함 속에서 주 여호와를 찬송하는 것이다. 예배하고 섬기는 것이다. 이 사람이 복이 있는 사람이다. 주 여호와는 우리의 찬양과 경배를 받으시기에 합당하신 분이다.

1. 주 여호와를 찬송하기 위해 행실을 깨끗하게 해야 한다.

1) 시편 119:9을 시작하면서 '청년'이라고 한다. 이것을 제1연과 연결시켜서 생각하면, '청년'이 바로 '복이 있는 사람'이다. 시편 기자 자신을 '청년'이라고 한다. 여기 청년은 문자적 의미보다는 인생의 모든 기간 중에서 가장 힘과 열정이 넘치는 황금기, 쉽게 범죄에 빠질 수 있는 위험한 시기, 모든 인간들에게 너무나 중요한 시기를 말한다.

2) 이러한 청년의 시기에 무엇으로 그의 행실을 깨끗하게 할 수 있는가? 이 질문에 대한 대답은 '주의 말씀만 지킬 따름이다'라는 것이다. 주의 말씀이 청년의 보물이라는 것이다. 그래서 시편 기자는 자신을 어떻게 했는지를 말씀하고 있다.

3) 첫째, 내가 전심으로 주를 찾았다는 것이다(시 119:2, 10). 둘째, 내 마음에 주의 말씀을 두었다는 것이다(시 119:11). 셋째, 내게 주의 율례를 가르쳐달라고 했다는 것이다(시 119:7), 주 여호와를 찬양하기 위해서는 주의 율례를 배우고, 가르침을 받는 것은 필수라는 것이다.

4) 그리고 계속 1인칭 단수를 사용하면서 다른 사람은 몰라도 자기 자신만은 꼭 주의 말씀을 배우고 가르침을 받고, 훈련 받아서 그대로 실천하겠다는 의지를 분명히 하고 있다. 이렇게 자신의 행실을 깨끗하게 하여, 주 여호와 하나님을 찬양하겠다는 것이다.

2. 주 여호와를 찬송하기 위해 나의 입술로 선포해야 한다.

1) 시편 기자는 시편 119:11에서 주의 말씀을 소중하게 마음에 간직해 두었다고 했다. 그런데 시편 119:13에서는 이제 더 나아가서 자신의 입술로 선포한다고 했다. 자기 입으로 전하고 가르쳤다는 것이다. 자세히 말했다는 것이다. 공식적으로 선언했다는 것이다.

2) 시편 기자는 자신의 입술로 무엇을 선포했는가? 그것은 바로 '주의 입에서 나온 모든 율례들'이다. '모든'이라는 표현을 통해서 하나님의 말씀의 전체성을 강조하고 있다. 내 마음에 맞는 일부분만을 선포한 것이 아니라, 내 마음에 들지 않는다고 할지라도 주의 모든 율례들을 선포했다는 것이다. 그러기 위해서 시편 기자는 말씀을 어떻게 했는가?

3) 첫째, 내가 모든 재물을 즐거워함같이 즐거워했다는 것이다(시 119:14). 둘째, 내가 작은 소리로 읊조리며, 주의하겠다는 것이다(시 119:15). 셋째, 내가 즐거워하며 잊지 않겠다는 것이다(시 119:16).

4) 이것은 단순히 말씀에 대한 열정을 보여주는 것을 넘어 말씀을 통한 참된 기쁨의 맛을 알기 때문에 '내가 당신의 말씀을 결코 잊지 않을 것이라'고 한다. 시편 119:15에서는 긍정문으로 하나님에 대한 열정과 사랑을 말씀하고 있는데 반해, 시편 119:16에서는 부정문을 사용하여 하나님의 말씀을 결코 잊지 않고 반드시 기억하겠

다는 것이다. 이렇게 행실의 기준이 되는 주의 말씀을 즐거워할 뿐만 아니라, 주의 말씀에 대한 사랑과 순복을 결단하고 있다.

> **결론** 시편 119편은 시편 제5권 가운데 중심이다. 또한 시편 119편은 176절로 성경 중에서 가장 긴 장이다. 그리고 시편 119편은 율법의 시이다. 율법의 중요성을 강조하고 있다. 한 마디로 마음에 율법을 새기라고 한다. 이러한 시편 119편은 히브리어 알파벳 시이다. 히브리어 알파벳 22자로, 22연을 구성하고 있다. 매 연은 8절씩으로 이루어져 있다.

1) 맨 처음 제1연인 시편 119:1-8은 '알렙'(א)으로 이루어져 있다. 시편 119:1-8의 매 절 첫 마디가 모두 '알렙'으로 시작하고 있다. 이렇게 제1연은 복이 있는 사람에 대해서 말씀하고 있다. 복이 있는 사람은 여호와의 율법을 따라 행하는 사람이라고 했다. 주의 도를 행하는 사람이다. 지키는 사람이다. 그 다음은 그 복이 있는 사람이 바로 내가 되어야 한다. 내가 되기 위해서는 내가 주의 율례를 지켜야 하는 것이다. 그러기 위해서 내가 주의 율례를 지키겠다고 소원하고 결단하고 있다.

2) 제2연은 시편 119:9-16이다. 2연은 '뻬트'(ב) 시이다. 2연을 먼저 구조적으로 보면 다음과 같다.

   A 시 119:9 주의 말씀을 지키는 / 그의 길(행실)

   B 시 119:10 마음을 다하여 주를 찾고

        C 시 119:11 내 마음에 간직하고

            D 시 119:12 찬송 받으실 주 여호와

        C' 시 119:13 내 입술로 선포하고

    B' 시 119:14 주의 증거의 길을 즐거워하고

A' 시 119:15-16 주의 말씀을 잊지 않고 / 주의 길

3) 제2연은 제1연 '알렙' 연이 제시한 복 있는 사람이 될 수 있는 방법을 말씀하고 있다. 그것도 질문 형식으로 제시하고 있다. 복이 있는 사람이 바로 청년이라는 것이다. 어떤 청년인가? 그의 행실을 깨끗이 하여 주 여호와를 찬송하는 사람이라는 것이다. 그래서 복이 있는 청년이 그 행실을 깨끗이 하기 위해서 찾고자 하는 것이 바로 '주의 말씀'이라는 것이다.

4) '주의 말씀'을 통해서 주 여호와를 찬양하고 주의 가르침을 받는 것이다. 주 여호와를 찬양하는 것과 주의 말씀을 배우는 것을 중심으로 해서 온 마음으로 주를 찾고(시 119:10), 주의 말씀을 마음에 간직하고(시 119:11), 재물과 같이 주의 말씀을 즐거워 해야 할 것(시 119:14)과 주의 법도를 묵상하면서(시 119:15), 주의 말씀을 즐거워해야 할 것을 분명히 하고 있다(시 119:16). 그래서 청년 즉 사람이 행실을 깨끗하게 하기 위해서는 마음에 말씀을 소중히 간직하고, 입술로 주의 모든 말씀을 선포해야 하는 것이다.

5) 시편 119:9-16은 '청년의 길'(시 119:9)과 '주의 길'(시 119:15)이 대조를 이루고 있다. 청년의 길이 깨끗하기 위해서는 주의 길을 바

라보아야 한다. 그래서 제2연의 처음과 끝이 '주의 말씀만 지킬 따름이라는 것'과 '주의 말씀을 잊지 않는 것'이 청년의 길을 깨끗하게 하는 것의 시작이요 끝임을 보여주고 있다. 이렇게 제2연은 '뻬트'(ㅁ)로 매 절을 시작하고 있다.

6) 제2연은 제1연과 밀접한 연관성을 가지고 있다. 그것은 복이 있는 사람은 바로 주 여호와를 찬송하는 사람이라는 것이다. 그 사람이 바로 다른 사람이 아니라, '청년'이라는 것이다. 그럼 복이 있는 사람인 '청년'이 주 여호와를 찬송하기 위해서는 어떻게 해야 하는가?

 - 먼저 '청년'이 그의 행실을 깨끗하게 해야 한다. 그럼 '청년'이 무엇으로 그의 행실을 깨끗이 할 수 있는가? 행실의 기준이 되는 것이 바로 주의 말씀이라는 것이다. 오직 주의 말씀을 지키는 것이다. 그래서 시편 기자는 주의 말씀을 마음에 두었다는 것이다. 주의 말씀을 마음에 간직하였다는 것이다.
 - 그 다음은 배워서 다른 사람들에게 전하겠다는 것이다. 나의 입술로 선포하겠다는 것이다. 주 여호와를 찬송하는 것 즉 주의 말씀을 나의 입술로 선포하겠다는 것이다. 다음 세대에게 스승이 되어 열심히 가르치겠다는 것이다. 그러기 위해서 시편 기자 자신이 주의 말씀을 즐거워하겠다는 것이다. 묵상하며 낱낱이 가슴에 새기겠다는 것이다. 주의 말씀이 보배이다. 주 여호와를 찬송할 때, 바로 그 청년이 복이 있는 사람이다.

주의 종에게 은혜를 베푸소서. 그러면 내가 살아서 주의 말씀을 지키겠습니다.
Deal bountifully with thy servant, that I may live, and keep thy word.
시편 119:17

11

주의 종

주의 종

성경 : 시편 119 : 17 - 24

> **서론** 시편 119편은 인생의 119이다. 황금의 입문서이면서, 소
> 방서이다. 위기의 상황에서 호출하는 119이다. 위기 상
> 황에서 구원을 주시는 말씀이다. 자유를 주시는 말씀이
> 다. 안식을 주시는 말씀이다.

1) 시편 119편의 제1연은 시편 119:1-80이다.

이 부분은 히브리어 알파벳 첫 번째인 '알렙'시이다. 매 절이 '알렙'
으로 시작하고 있다. 제1연은 한마디로 '복이 있는 사람'에 대해서
말씀하고 있다(시 119:1-2). 복 있는 사람은 누구인가? 복 있는 사람
은 어떤 사람인가? 한마디로 '행위가 온전한 사람'이다. 그럼 행위
가 온전하기 위해서는 어떻게 해야 하는가? 시편 119편은 크게 두
가지로 말씀하고 있다. 첫째는 여호와의 율법을 따라 행하는 자가
되어야 함을 말씀하고 있다. 둘째는 주의 율례를 지키는 자가 되어
야 함을 말씀하고 있다. 그것도 다른 사람이 아니라, 내가 주의 율례
를 지키는 자가 되어야 한다.

2) 시편 119편의 제2연은 시편 119:9-16이다.

이 부분은 히브리어 알파벳 두 번째인 '뻬트'(ㅂ)시이다. 매 절이 '뻬트'로 시작하고 있다. 제2연은 한마디로 '찬송을 받으실 주 여호와여'라고 하면서, 주 여호와가 찬송을 받아야 한다는 것을 말씀하고 있다. 그것도 제1연과 제2연이 서로 연결되어서 '복이 있는 사람'이 바로 주 여호와를 찬송하는 사람이라는 것이다. 그 사람이 바로 '청년'이라는 것이다.

3) 그럼 '청년'이 '복 있는 사람'으로 주 여호와를 찬송하려면 어떻게 해야 하는가?

한마디로 '그의 행실'이 깨끗해야 한다. 정결해야 한다. 의로워야 한다. 그러기 위해서 어떻게 해야 하는가? 첫째, 주의 말씀만 지켜야한다. 둘째, 나의 입술로 선포해야 한다. 그렇게 할 때 여호와께서우리를 통해서 찬양을 받으시는 것이다.

4) 시편 119편의 제3연은 시편 119:17-24이다.

이 부분은 히브리어 알파벳 세 번째인 '끼멜'(ﬡ)이다. 매 절이 '끼멜'로 시작하고 있다. 제3연은 한마디로 '주의 종'(עבדך)에 대해서 말씀하고 있다. 시편 119:17에서 '주의 종을 후대에 살게 하소서…'라고한다. 또 시편 119:23에서 '…주의 종은 주의 율례들을 작은 소리로읊조렸나이다'라고 한다. 이렇게 '주의 종'에 대해서 말씀하고 있다. 이 '주의 종'은 제2연과 연결시키면 바로 '청년'이다. 1연과 연결시키면, 바로 '복이 있는 사람'이다.

1. 주의 종은 후대(은혜)로 사는 자이다.

1) 시편 119:17에서 자신을 '주의 종'이라고 한다. 또 시편 119:23에
서도 '주의 종'이라고 한다. 통상적으로 '종'의 의미는 크게 세 가
지이다. 첫째, 종은 주인의 소유이다. 둘째, 종은 주인의 뜻에 순
종한다. 셋째, 종은 주인에게 복종한다. 따라서 시편 기자가 '주의
종'이라는 것은 하나님이 주인이고, 자신은 노예라는 것이다. 하나
님이 자신을 소유하고 있다는 것이다. 뿐만 아니라, 자신은 종처럼
하나님을 섬기는 자라는 것이다.

2) 그럼 지금 '주의 종'의 형편이 어떠한가? 어떠한 상황 속에 있었
는가? 시편 119:19에서 '나는 땅에서 나그네가 되었다'라고 한다.
'나그네'란 말을 제1연과 제2연에서 사용된 '길' 혹은 '행위'라는
말과 연결해서 생각해 볼 때, 정착민과 달리 나그네로 늘 어디로
가야 할지 고민할 수밖에 없는 사람들이다. 나그네 된 인생에게 가
장 중요한 것은 은총이다. 후대하심이다. 은혜 베푸심이다. 또한
길의 안내자, 인도자가 필요하다. 네비게이션이 필요하다. 그것은
다른 것이 아니라, 한마디로 '주의 말씀'이라는 것이다.

3) 나그네된 주의 종은 주의 말씀에 대해서 어떻게 해 달라고 간구하
고 있는가? 크게 세 가지이다. 첫째, 내 눈을 열어서 보게 해달라고

한다(시 119:18). 둘째, 내게 숨기지 말아달라고 한다(시 119:19). 셋째, 내 마음이 상한다고 한다(시 119:20).

4) 하나님의 말씀에 대한 갈급함으로 자신의 존재 중심인 영혼이 으깨어지고, 찢겨질 정도로 고통스러워하고 있음을 고백하고 있다. 그 정도로 하나님의 말씀에 대한 열정과 갈망을 가지고 있는 것이다. 그것은 주의 말씀이 주의 종을 후대해 살게 하는 원동력이고, 능력이고 힘이기 때문이다.

2. 주의 종은 작은 소리로 읊조리는 자이다.

1) 시편 119:23에서 주의 종은 주의 법도를 읊조리며 묵상한다고 한다(시 119:15). 그러나 '주의 종'이라는 말씀과 같이 사용하기 때문에 단순히 묵상하는 것을 넘어, 주의 뜻에 복종하겠다는 것이다. 주의 소유된 자로서 말씀을 철저하게 준행하겠다는 것이다. 또한 더 나아가서 주의 종으로 주의 보호하심을 받을 자격이 있다는 것이다.

2) 그럼 지금 어떤 상황 속에서 주의 종이 작은 소리로 읊조리겠다는 것인가? 고관들이 앉아서 비방하였다는 것이다(시 119:23). 또 비방과 멸시를 당하고 있다는 것이다(시 119:22). 이러한 상황에서 주의 말씀을 묵상하겠다는 것이다. 작은 소리로 읊조리면서 주의 뜻을 발견하고, 주의 섭리에 복종하겠다는 것이다.

3) 주의 종이 그렇게 하는 이유가 무엇인가? 첫째, 주의 말씀에서 떠나는 자를 주께서 꾸짖으시기 때문이다(시 119:21). 둘째, 내가 주의 말씀을 지키기 때문이다(시 119:22). 셋째, 주의 말씀은 나의 즐거움이요, 충고자이기 때문이다(시 119:24).

4) 주의 말씀에는 고난을 능히 이기게 해 주는 능력과 비결이 담겨 있다는 것이다. 그래서 주의 종은 고난 속에서, 비방 속에서, 어려움 속에서 주의 말씀을 읊조리며 묵상한다는 것이다. 주의 말씀을 가까이 한다는 것이다. 주의 말씀은 안내자요 인생 네비게이션이기 때문이다.

결론 시편은 총 150편으로 5권으로 구성되어 있다. 이와 같이 시편 119편도 다섯 부분으로 나눌 수 있다. 첫째는 '알렙-베트'이다. 서문이다(시 119:1-16). 둘째는 '끼멜-요드'이다. 첫 기도 단락이다(시 119:17-80). 셋째는 '카프-멤'이다. 중심부분으로 강렬한 애통이다(시 119:81-104). 넷째는 '눈-쉰'이다. 두 번째 기도 단락이다(시 119:105-168). 다섯째는 '타브'이다. 결문이다(시 119:169-176). 이 것을 구조적으로 보면 다음과 같다.

119:1-16	119:17-80	119:81-104	119:105-168	119:169-176
서문	첫째 기도 단락	중심-강렬한 애통	둘째 기도 단락	결문

---

1) 이러한 시편 119편은 다시 크게 두 부분으로 나눌 수 있다. 첫째

부분은 시편 119:1-88이다. 토라가 그를 믿고 따르는 자에게 주는 선물임을 주로 말씀하고 있다. 시편 119:1-88에서 시편 기자는 토라를 사랑하고 실천하는 자들의 '복된 삶'에 대한 선언으로 시작하여(1연), 토라가 젊은이의 '보물'이 되고(2연), 나그네 길에 '네비게이션'이 되며(3연), '스승'이 되어(5연), 그 자신이 '열왕의 스승'(6연)이 되는 자로까지 인도해 줌을 노래한다. 토라는 그의 '나그네 길'에 노래이며(7연), '기업'이고(8연), 지혜의 보물 창고이다(9연). 그렇지만 토라는 주님이 가르쳐 주셔야 배울 수 있다(10연). 시인은 자신의 삶의 실존을 '인생의 밑바닥'(4연)과 '음부 밑바닥'(11연)으로 기록하고 있다. 시편 기자는 그 힘들고 고통스러운 자리에서도 토라에 대한 헌신을 포기하지 않는다.

2) 둘째 부분은 시편 119:89-176이다. 토라의 속성을 주로 말씀하고 있다. 시편 119:1-88의 마지막 연(11연)에서 '음부의 밑바닥'에서 헤매던 시편 기자는 시편 119:89-176에서 갑자기 영적 비약을 하면서 '천지를 견고하게 세우는 토라' 찬가로 넘어간다(1연). 나아가 토라는 '지혜의 원천'(2연), '등불과 빛'(3연), '진리의 기준'(4연), '공의와 정의의 원천'(5연), '빛과 생수의 원천'(6연), '정련된 보물'(7연), '영원한 으뜸 진리'(9연), '평화의 원천'(10연)이라고 찬미를 이어 간다. 물론 시인은 토라의 영원성을 찬미하면서도, 여전히 자신의 고통스러운 실존을 '어둔 밤'(8연)과 '길 잃은 양'으로 기록하고 있다(11연). 그래서 시편 119편을 한마디로 '토라와 인생의 불협화음 이중주'라고 한다. 토라는 영원한 학생으로서 그 이상에 도달하

는 것의 어려움과 현실의 모습을 아름답고 슬프게 노래한다고 볼수 있다.

3) 지금까지 시편 기자는 시편 119:1-16에서 인생의 복과 행실의 기준인 하나님의 말씀을 향한 사모와 순복의 열정을 말씀했다. 이제 이어지는 시편 119:17-48에서는 하나님의 말씀을 사모하는 자가 말씀에 의지하여 올리는 간구들을 기록하고 있다. 시편 119:17에서 '열정에서 간구로' 전환이 이루어지고 있다.

4) 시편 119:17-24은 제3연으로서 각 절이 '끼멜'로 시작하고 있다. '끼멜'의 시이다. 또한 '주의 종'에 대해서 말씀하고 있다. 도대체 '주의 종'이란 어떤 사람인가? 시편 기자가 말하는 '주의 종'이 누구인가? 제1연과 연결이 되면 '복 있는 사람'이며, 제2연과 연결이 되면 '청년'이다. 청년 즉 주 여호와를 찬송하는 사람이 바로 '주의 종'이다.

5) 이러한 제3연은 '주의 종'으로 수미쌍관을 이루고 있다(시 119:17, 23). 시편 119:20을 중심으로 교차대칭을 이루고 있다. 시편 119:17의 '말씀을 지키겠다'는 주의 종은 시편 119:23-24에서 '주의 율례를 묵상하며 즐거워하는 주의 종'과 짝을 이루고 있다. 이어서 시편 119:18의 '내 눈을 열어 주소서'라는 주의 종의 간구는 시편 119:22의 '비방과 멸시를 벗겨 주소서'라는 주의 종의 간구와 짝을 이루고 있다. 그리고 시편 119:19-20의 '땅에서 나그네'일 뿐 아니라 주의 규례를 사모하는 주의 종의 모습은 시편 119:21의 '주의 명령을 떠나 저주를 받는 교만한 자'와 대칭을 이

루고 있다. 그래서 '주의 종'은 땅에서 객으로 살며(시 119:19), 고 관들의 비방으로 고통 가운데 있다. 그러한 가운데서도 주의 말씀 을 지켰으며, 지킬 것을 다짐한다. 주의 말씀을 사모함으로 마음이 상한 주의 종은 자신의 눈을 열어 주의 말씀의 기이한 것을 보게 해 달라고 간구한다. 더 나아가서 주의 종은 주의 율례를 묵상하며 즐 거움과 상담자, 조언자로 삼고 있다. 이것을 정리하면 다음과 같다.

　A 시 119:17 주의 종은 주의 말씀을 지킴

　　B 시 119:18 내 눈을 열어 주소서

　　　C 시 119:19 땅에서 나그네

　　　　D 시 119:20 주의 말씀을 사모함

　　　C' 시 119:20 계명에서 떠난 교만한 자

　　B 시 119:22 내게서 떠나게 하소서

　A' 시 119:23-24 주의 말씀을 묵상하고, 주의 말씀은 나의 기쁨
　　과 조언자

6) 주의 종은 어떤 자인가? 복 있는 자이다. 청년이다. 주 여호와를 찬 송하는 자이다. 그 주의 종은 첫째, 주의 말씀을 지키면서 사는 자 이다. 주의 말씀이 은혜이다. 둘째, 주의 말씀을 묵상하면서 사는 자이다. 주의 말씀이 안내자이다.

내가 완전히 낙심하여 죽게 되었습니다. 주의 말씀으로 나를 새롭게 하소서.

My soul cleaveth unto the dust: quicken thou me according to thy word.

시편 119:25

12

내 영혼이

12 내 영혼이

성경 : 시편 119 : 25 - 32

서론 시편은 총 150편으로 5권으로 구성되어 있다. 이와 같이 시편 119편도 다섯 부분으로 나눌 수 있다. 첫째는 '알렙-베트'이다. 서문이다(시 119:1-16). 둘째는 '끼멜-요드'이다. 첫 기도 단락이다(시 119:17-80). 셋째는 '카프-멤'이다. 중심부분으로 강렬한 애통이다(시 119:81-104). 넷째는 '눈-쉰'이다. 두 번째 기도 단락이다(시 119:105-168). 다섯째는 '타브'이다. 결문이다(시 119:169-176). 이것을 구조적으로 보면 다음과 같다.

119:1-16	119:17-80	119:81-104	119:105-168	119:169-176
서문	첫째 기도 단락	중심-강렬한 애통	둘째 기도 단락	결문

1) 시편 119:1-16은 서문으로 '알렙'의 시와 '뻬트'의 시이다.

제1연의 '알렙'의 시인 시편 119:1-8에서 복 있는 사람은 행위가 온전해야 한다는 것이다. 그래서 여호와의 율법을 따라 행하는 자이며, 또한 주의 말씀을 지키기로 결단하는 자이다. 그 사람이 다른 사람이 아니라, 바로 내가 복이 있는 주인공이 되어야 한다.

2) 제2연의 '뻬트'(ㄹ)의 시인 시편 119:9-16에서 청년은 그의 행실이 깨끗해야 한다는 것이다.

그래야 주 여호와를 찬송할 수 있다. 그러기 위해서 주의 말씀을 지키는 것이 유일한 방법이다. 나의 입술로 선포하겠다는 것이다. 주의 말씀을 마음에 두고, 즐거워하며 잊지 않겠다는 것이다. 이렇게 제1연과 제2연의 서론에서 인생의 복과 행실의 기준인 하나님의 말씀을 향한 사모와 순복의 열정을 말씀했다.

3) 시편 119:17-80은 첫째 기도 단락으로 하나님의 말씀을 사모하는 자가 말씀에 의지하여 올리는 간구들을 기록하고 있다.

그래서 시편 119:17에서 '열정에서 간구로' 전환이 이루어지고 있다. 따라서 '하소서', '마소서', '가르치소서', '세우소서'라는 말씀이 계속 이어지고 있다. 그 중에 시편 119:17-24은 제3연으로서 각 절이 '끼멜'(ㄱ)로 시작하고 있다. '끼멜'(ㄱ)의 시이다. '주의 종'에 대해서 말씀하고 있다.

4) 그럼 시편 기자가 말하는 '주의 종'이 누구인가? 제1연과 연결이 되면 '복 있는 사람'이며, 제2연과 연결이 되면 '청년'이다.

청년 즉 주 여호와를 찬송하는 사람이 바로 '주의 종'이다. 주의 종은 누구인가? 주의 종은 은총으로 사는 자이다. 나그네에게 은혜가 필요한데, 그 은혜가 주의 말씀에 있다는 것이다. 주의 말씀을 지키면서 사는 자이다. 또 주의 종은 묵상하며 사는 자이다. 비방과 멸시가 있지만, 그럼에도 불구하고 주의 말씀을 읊조리며 묵상하면서 살겠다는 것이다. 주의 말씀이 나의 즐거움이요 안내자이기 때문이다. 인생 네비게이션이기 때문이다.

5) 시편 119:25-32은 제4연으로 '딸렛'(ד)의 시이다.

'나의 영혼'(נַפְשִׁי)에 대해서 말씀하고 있다. 제3연과 연결시키면, 바로 주의 종의 영혼에 대해서 말씀하고 있다. 그것도 시편 119:25과 시편 119:28에서 동일하게 '나의 영혼'에 대해서 두 번이나 강조하고 있다. 인간은 육체와 영혼으로 되어 있다. 물론 육체도 중요하지만, 영혼은 더욱 중요하다. 주의 종은 영혼에 관심을 가지게 된다. 주의 종의 영혼의 상태는 어떠한가? 죽음과 같은 고통스러운 상황에서 주의 종은 자신의 영혼을 위해서 무엇을 간구하고 있는가?

1. 나를 살아나게 하소서. / 나를 소생케 하소서.

1) 시편 119:25에서 시편 기자는 자신의 영혼이 진토에 붙었다고 한다. '진토'란 먼지, 흙이라는 의미이나 상징적으로는 수치, 저주와 수욕, 음부와 죽음 등을 의미한다. 죽고 묻혀 썩는 곳에 던져진 인생의 가장 밑바닥을 말씀하고 있다. 자신의 능력으로는 벗어날 수 없는 이루 말할 수 없는 비참한 상황을 말씀하고 있다.

2) 이렇게 시편 기자는 자신의 영혼의 다급한 형편을 토로하면서 간

절하게 나를 살아나게 해 달라고 간구하고 있다. 간절하게 회복을 요청하고 있다. 소생케 해 달라고 한다. 생명을 주어 살게 해 달라는 것이다. 회복시켜 달라는 것이다. 그러니까 생명의 연장과 활력의 회복이라는 두 가지 소원을 함께 간구하고 있다. 그런데 시편 기자는 무엇으로 자신의 영혼을 소생케 해 달라고 하는가? 그것은 바로 '주의 말씀'이다.

3) 주의 말씀은 자신의 진토와 같은 영혼을 살릴 수 있는 능력이다. 또한 자신의 영혼이 절망에서 빠져 나올 수 있는 생명 그 자체이다. 그래서 시편 기자는 주의 말씀에 대하여 세 가지를 간구하고 있다. 첫째, '내게 가르치소서'라고 한다(시 119:26). 둘째, '나를 깨닫게 하소서'라고 한다(시 119:27). 셋째, '내가 읊조리며 묵상하리이다'라고 한다(시 119:27).

2. 나를 일으켜 세우소서. / 나에게 힘을 주소서.

1) 시편 119:25에 이어 시편 기자는 또 한 번 자신의 영혼에 대해서 말씀하고 있다. 시편 119:25에서는 '나의 영혼이 진토에 붙었다'고 했다. 그러나 이제는 시편 119:28에서 '나의 영혼이 눌림으로 말미암아 녹았다'고 한다. 여기 '눌림'은 슬픔, 근심, 비통이라는 의미이다. 그리고 '녹사오니'라는 말씀은 물이 샌다는 뜻으로 물방울이 떨어져 흐르는 것과 같이 우는 것을 말씀하고 있다. 비참한

슬픔에 빠져 눈물을 흘리는 것을 말씀하고 있다. 깊은 수렁에 빠져 더 이상 헤어 나올 수 없는 기진맥진한 상황, 지쳐 있는 상태를 말씀하고 있다. 지칠 대로 지쳐 이젠 더 이상 버텨나갈 힘조차 없는 지경이 된 상황을 말씀하고 있다.

2) 이러한 상황에서 시편 기자는 나를 세워달라고 한다. 여기 '세우소서'라는 말씀은 흘러 녹아 뚝뚝 떨어지는 것과 반대로, 큰 집을 떠받치는 튼튼한 기둥이나, 땅에 깊이 뿌리를 내린 건강한 나무처럼 견고하게 세워 달라고 간구하고 있는 것이다. 견디어 낼 수 있는 힘을 달라고 하는 것이다. 그런데 이렇게 견고히 세워주고, 견디어 내게 하는 힘이 어디에서 오는 것인가? 바로 '주의 말씀'이다(시 119:25).

3) 그러면서 시편 119:29에서 거짓 행위를 떠날 수 있도록 내게 은혜를 베풀어 주셔야 한다는 것이다. 그 은혜를 베풀어 주셔야만 주의 말씀을 따라 살아갈 수 있다는 것이다. 그래서 시편 기자는 '주의 말씀'에 대해서 어떻게 한다고 하는가? 크게 세 가지로 말씀하고 있다. 첫째, 내가 선택했다는 것이다(시 119:30). 둘째, 내가 매달렸다고 한다(시 119:31). 셋째, 내가 달려가겠다고 한다(시 119:32).

시편 119편은 '황금의 ABC'(Golden ABC)이다. '신자의 황금 입문서'이다. '인생의 119'이다. 인생의 위기와 어려움에서 구해주는 말씀이다. 시편 119편의 서문은 제1연과 제2연이다. 시편 119편 제1연(시 119:1-8)은 '알렙' 시이다. '복 있는 사람'에 대해서 말씀하고 있다. 제2연(시 119:9-16)은 '베트' 시이다. '청년'에 대해서 말씀하고 있다.

1) 시편 119편의 서문이 끝나고, 제3연(시 119:17-24)부터 본론부로 들어가고 있다. 여기서부터 '말씀에 대한 사모와 순종과 열정'이 이제는 '간구로' 전환되고 있다. '열정에서 기도로' 변화가 이루어지고 있다. 그래서 '하소서', '마소서', '가르치소서'라는 말씀이 많이 등장하고 있다.

2) 시편 119:17-24의 제3연은 '끼멜'의 시이다. '주의 종'에 대해서 말씀하고 있다. 복 있는 사람이 청년이고, 청년이 주의 종이다.

3) 그럼 주의 종은 어떤 사람인가? 첫째, 나그네와 같은 인생에서 은혜로 사는 자이다. 그 은총이 바로 주의 말씀을 지킴에 있다. 그래서 내 눈을 열어서 놀라운 것을 보게 하소서라고 한다. 둘째, 멸시와 비방을 받으면서도 묵상하는 자이다. 주의 말씀을 작은 소리로 읊조리는 자이다. 교만하여 저주를 받는 자들이 주의 말씀을 떠나는 것과 달리 주의 종은 주의 말씀을 즐거움과 인생의 안내자로 삼고 살아가는 자이다.

4) 시편 119:25-32의 제4연은 '딸렛'의 시이다. 제4연의 중요한 말씀은 서로 비슷한 2개의 구절이다. 하나는 119:25에서 내 인생의 밑바닥에서도 주의 약속대로 '주의 종' 즉 시편 기자를 회복시켜 달라는 것이다. 소생시켜 달라는 것이다. 생명을 유지시켜 달라는 것이다. 또 다른 하나는 시편 119:28에서 내 인생이 깊은 슬픔에 빠져 있어도 주의 약속대로 '주의 종' 즉 시편 기자를 일으켜 세워달라는 것이다. 자신에게 힘을 달라는 것이다. 일어날 수 있도록 도와 달라는 것이다.

5) 그리고 제4연에서 아주 중요한 말씀은 '길'(דֶּרֶךְ)이라는 단어이다. 우리말 개역개정은 '행위'(דֶּרֶךְ)라고도 번역하고 있다. 시편 119:26의 '나의 행위'(דְּרָכַי)이다. 119:27의 '주의 법도들의 길'이다. 시편 119:29의 '거짓 행위'(דֶּרֶךְ־שֶׁקֶר)이다. 119:30의 '성실한 길'이다. 시편 119:32의 '주의 계명들의 길'이다. 이렇게 시편 기자 '자신의 길'과 '주의 길'이 서로 대조를 이루고 있다.

6) 이리하여 '주의 종' 즉 시인은 인생의 밑바닥에 있지만 지나온 '나의 길' 즉 자신이 살아온 길을 돌아보며, '거짓된 길'을 떠나고 있다. 단순히 거짓된 길을 피하고 있을 뿐만 아니라, 더 나아가서 '진실한 길' 즉 성실한 길을 택하여, '주의 계명의 길'로 달려가고 있다. 여기 '성실한 길' 즉 '주의 법도들의 길', '주의 계명의 길'은 성공적인 삶을 살기 위한 수단이 아니라, 인생의 목표이다. 따라서 주의 종은 인생의 밑바닥에서, 영혼의 아픔과 슬픔에 빠져 기진맥진해 있지만, 그럼에도 불구하고 '주의 말씀', '주의 약속'을 붙들

고 살아가는 사람이다.

7) 그러니까 제4연은 시편 119:25에서 '나의 영혼이 땅 바닥에 뒹구나니…'로 시작하여, 시편 119:32에서 '…주의 계명들의 길로 달려가리이다'로 끝을 맺고 있다. 즉 한마디로 말해서 깊은 수렁에 빠진 영혼이 은혜를 받아 이제 힘을 얻어 달려가는 모습으로 끝을 맺고 있다. 이것을 구조적으로 보면 다음과 같다.

    A 시 119:25 땅바닥에 뒹구는 시인

      B 시 119:26 주의 율례를 내게 가르치소서

        C 시 119:27 주의 법도의 길을 깨닫게

          D 시 119:28 주의 말씀대로 나를 일으키소서

        C' 시 119:29 거짓의 길을 떠나게

      B' 시 119:30 주의 규례를 내 앞에 두오니

    A' 시 119:31-32 주의 증거에 매달리는 시인

여호와여, 주의 법도를 나에게 가르치소서. 내가 평생 그것을 지키겠습니다.
Teach me, O Lord, the way of thy statutes; and I shall keep it unto the end.
시편 119:33

13

여호와여(I)

성경의 중앙

13 여호와여(I)

성경 : 시편 119 : 33 – 40

> **서론** 시편 119편은 '황금의 ABC'(Golden ABC)이다. '신자의 황금 입문서'이다. '인생의 119'이다. 이러한 시편 119편은 다양하게 나눌 수 있다. 먼저 크게 두 부분으로 나눌 수 있다. 첫째 부분은 시편 119:1-88이다. 이 부분에서는 토라가 그를 믿고 따르는 자에게 주는 선물임을 중심으로 말씀하고 있다. 둘째 부분은 시편 119:89-176이다. 이 부분에서는 토라의 속성을 중심으로 말씀하고 있다.

1) 또 시편 119편은 다섯 부분으로 나눌 수 있다.

첫째는 서문이다(시 119ㅂ:1-16). '알렙-뻬트'의 시이다. 둘째는 첫 번째 기도 단락이다(시 119:17-80) '끼멜-요드'의 시이다. 셋째는 중심 부분으로 강렬한 애통이다(시 119:81-104). '카프-멤'의 시이다. 넷째는 두 번째 기도 단락이다(시 119:105-168). '눈-쉰'의 시이다. 다섯째는 결문이다(시 119:169-176). '타브'이다. 이것을 구조적으로 보면 다음과 같다.

119:1-16	119:17-80	119:81-104	119:105-168	119:169-176
서문	첫째 기도 단락	중심-강렬한 애통	둘째 기도 단락	결문

2) 서문(시 119:1-16)에 이어 119:17-80은 첫 번째 기도 단락이다.

제3연(시 119:17-24)부터 제10연(시 119:73-80)까지이다. 제3연부터는 '열정에서 간구'로 전환이 이루어지고 있다. 제3연은 '끼멜'의 시이다. '주의 종'에 대해서 말씀하고 있다(시 119:17, 23).

3) 제4연(시 119:25-32)은 '딸렛'의 시이다. '내 영혼'에 대해서 말씀하고 있다(시 119:25, 28). 첫째, 내 영혼이 살아나게 하소서라고 한다.

소생시켜 달라고 한다. 진토에 붙은 인생의 밑바닥에서, 죽음의 상황에서 살려달라고 한다. 바로 주의 말씀으로 살아나게 해 달라고 한다. 주의 말씀은 거울이기 때문이다. 회개케 할 수 있기 때문이다.

4) 둘째, 내 영혼을 세우소서라고 한다.

일으켜 세워달라고 한다. 눌림으로 말미암아 녹아 있는 비참한 슬픔의 상황에서 일으켜 세워 달라고 한다. 바로 주의 말씀으로 힘과 용기를 얻게 해 달라고 한다. 주의 말씀은 은혜이기 때문이다. 마음이 넓어지는 은혜이기 때문이다. 그래서 제4연은 주의 종 즉 시편 기자가 인생의 밑바닥에서 수렁에 빠진 모습으로 시작을 했다가 이제는 힘을 얻어 달려가는 모습으로 끝을 맺고 있다.

5) 제4연에서 아주 중요한 말씀은 시편 119:31의 '여호와여'이다 (시 119:1, 6).

내가 수치를 당하지 않도록 꼭 해주셔야 한다는 것이다. 부정적으로 말씀했다. 이제 제5연(시 119:33-40)에서 또 한 번 '여호와여'라고 한다. 부정에서 긍정으로 말씀하고 있다. 그리고 제6연을 시작하면서 시편 119:41에서 또 한 번 '여호와여'라고 한다. 언약을 반드시 지키시고, 이행하시는 여호와께 간구하고 있다. 주의 종이 여호와께 무엇을 간구하고 있는가?

1. 내게 가르치소서.

1) 시편 119:33에서 '호레니'(הוֹרֵנִי)라는 말씀을 문두에 두면서 '내게 가르치소서'를 강조하고 있다. 시편 119:12에서 '내게 가르치소서'(לַמְּדֵנִי)라고 했고, 또 시편 119:26에서도 '내게 가르치소서'(מַדְּנִי)라고 했다. 이때는 '배우다', '가르치다', '훈련하다'라는 의미의 '라마드'(לָמַד)라는 동사를 사용했다.

2) 그러나 시편 119:33에서는 '던지다' '쏘다', '가르치다', '비를 내리다'라는 '야라'(יָרָה)라는 의미의 동사를 사용하고 있다. 이렇게 다른 동사를 문두에 사용하여 말씀을 다시 한 번 가르쳐 달라고, 훈련시켜 달라고 간구하고 있다. 더욱 열정으로 훈련하고 배우겠다는 것이다. 뒷부분에서는 '내가 끝까지 지키리이다'라고 한다.

여기 '끝' 즉 '에게브'(עֵקֶב)는 '끝'이라는 의미도 있지만, '보상'(시 19:11)이라는 의미도 있다. 그래서 표준 새번역은 '주님, 주님의 율례들이 제시하는 길을 내게 가르쳐 주십시오. 내가 언제까지든지 그것을 지키겠습니다'라고 한다.

3) 인생의 종말을 맞을 때까지 주의 말씀을 지키겠다고 다짐을 하고 있다. 그래서 시편 기자는 여호와께 간구하고 있다. 무엇을 간구하고 있는가? 크게 세 가지이다. 첫째, '나로 깨닫게 하소서'라고 한다(시 119:34). 둘째, '나로 행하게 하소서'라고 한다(시 119:35). 셋째, '내 마음을 향하게 하소서'라고 한다(시 119:36).

2. 나를 살아나게 하소서.

1) 시편 기자는 시편 119:36에서 긍정문과 부정문을 교차 사용하여 주의 말씀에 대한 열정적이고 헌신적인 삶을 지속할 수 있도록 내 마음이 주의 말씀만 향하게 해 달라고 했다. 절대로 탐욕으로 향하지 않게 해 달라고 했다. 이제 시편 119:37에서도 긍정문과 부정문을 교차적으로 사용하면서 다시 한 번 반복하여 강조하고 있다. 차이점이 있다면, 시편 119:36에서는 긍정에서 부정으로 말씀했다면, 시편 119:37에서는 부정에서 긍정으로 말씀하고 있다. 내 눈을 돌이켜 절대로 '허탄한 것'을 보지 않게 해 달라는 것이다.

2) 이렇게 '허탄한 것'을 보지 않고, 살아나게 하소서라고 한다. 딴

짓 하지 않고, 활기차게 걷게 해 달라는 것이다. 어린 송아지가 어미소의 젖을 계속 먹고 살아가는 것과 같이 주의 말씀을 통해 살아나게 해 달라는 것이다(시 119:25). 무엇으로? '주의 말씀' 즉 '주의 길'에서 살게 해 달라는 것이다. 시편 119:37에서는 '주의 길'(ךיכרדב) 즉 '주의 도'를 말씀하고, 시편 119:40에서는 '주의 의'(ךתקדצב)를 강조하고 있다.

3) 그러니까 주의 길과 주의 의가 시편 기자를 살린다는 것이다. 회복시켜 줄 수 있다는 것이다. 생명을 보존할 수 있게 한다는 것이다. 그래서 시편 기자는 어떻게 해달라는 것인가? 크게 세 가지로 말씀하고 있다. 첫째, '주의 종에게 주의 말씀을 세우소서'라고 한다(시 119:38). 둘째, '비방을 내게서 떠나게 하소서'라고 한다(시 119:39). 셋째, '주의 의로 나를 살아나게 하소서'라고 한다(시 119:40).

결론 성경은 한 편의 드라마와 같다. 드라마는 앞 부분과 자동적으로 연결되어 있다. 앞 부분의 내용이 연속적으로 이어져 있다. 성경도 마찬가지이다. 앞 부분과 뒷 부분이 자동적으로 연결되어 있다.

---

1) 제3연에서 주의 종에 대해서 말씀했다. 제4연에서 주의 종의 영혼이 만신창이가 되어 밑바닥에 있다. 그래서 살아나게 해 달라고 했다. 일으켜 세워달라고 했다. 이제 달려가게 되었다.

2) 그럼 인생의 밑바닥에서 살아나서 이제 달려가기 위해서 어떻게 해야 하는가? 그 해답이 바로 제5연이다(시 119:33-40). 제5연은 '헤'의 시이다. '여호와여'라고 하면서 간구하고 있다. 그것도 모두 10개의 명령이 기록되어 있다. 이것은 제22연의 '타브'의 시와 일치하는 부분이다. 그런데 10개의 명령형 가운데 7개가 히필형이다. 이것은 제5연 즉 '헤'연 만이 가질 수 있는 특징이다. 이 중 7개가 두운을 형성하면서 크게 두 부분으로 나누어지고 있다.

3) 첫째는 시편 119:33-36이다. 주로 간구를 중심으로 말씀하고 있다. '내게 가르치소서'(시 119:33), '깨닫게 하여 주소서'(시 119:34), '행하게 하소서'(시 119:35), '향하게 하소서'(시 119:36)라고 하면서 간구가 나오고 있다. 그런데 시편 119:33-34에서 간구와 다짐의 형식으로 말씀하다가 마지막 시편 119:36에서는 긍정과 부정을 함께 사용하여 간구만을 기록하고 있다. 특별히 시편 119:33-34은 간구와 다짐으로 서로 짝을 이루면서 서로 대칭을 이루고 있다.

4) 둘째는 시편 119:37-40이다. 주로 다짐보다는 간구에 초점을 맞추고 있다. 다짐은 기록되어 있지 않다. 간구가 절정에 이르고 있다. 시편 119:37에서 부정과 긍정을 함께 시작하면서 '…주의 길에서 나를 살아나게 하소서'라고 한다. 그리고 시편 119:40에서 '…주의 의로 나를 살아나게 하소서'라고 하면서 서로 짝을 이루면서 끝을 맺고 있다.

5) 이와 같은 제5연(시 119:33-40) 즉 '해'의 시의 구조는 다음과 같다.

첫째 부분(시 119:33-36) : 가르치소서

A 시 119:33 나를 가르치소서(간구)

   B 시 119:34 내가 전심으로 지키리이다(다짐)

   B' 시 119:35 내가 그것을 기뻐하리이다(다짐)

A' 시 119:36 내 마음을 향하게 하소서(간구)

둘째 부분(시 119:37-40) : 살게 하소서

A 시 119:37 주의 길로 나를 살게 하소서

   B 시 119:38 주를 경외케 하는 말씀

   B' 시 119:39 내가 두려워하는 비방

A' 시 119:36 주의 의로 나를 살게 하소서

여호와여, 주께서 얼마나 나를 사랑하는지 보여 주시고 주의 약속대로 나를 구원
하소서.
Let thy mercies come also unto me, O Lord, even thy salvation, according to
thy word.
시편 119:41

14

여호와여(II)

여호와여(II)

성경 : 시편 119 : 41 - 48

> **서론** 시편 119편은 크게 세 부분으로 나눌 수 있다. 첫째, 서
> 문이다(시 119:1-16). 둘째, 본론이다(시 119:17-168). 셋
> 째, 결문이다(시시 119:169-176).

1) 서문은 제1연과 제2연이다.

제1연은 '알렙'의 시이다. 복 있는 삶에 대해서 말씀하고 있다. 제2
연은 '뻬트'의 시이다. 청년의 삶에 대해서 말씀하고 있다.

2) 본론은 크게 두 부분으로 나누어진다.

첫째 부분은 제3연에서 제11연까지이다(시 119:17-88). 토라가 그
를 믿고 따른 자에게 주는 선물임을 주로 말씀하고 있다. 둘째 부분
은 제12연에서 21연까지이다(시 119:89-168). 토라의 속성을 주로
말씀하고 있다.

3) 본론을 시작하는 제3연은 '끼멜'의 시이다.

'주의 종'에 대해서 말씀하고 있다. 이어서 제4연은 '딸렛'의 시이
다. '내 영혼'에 대해서 말씀하고 있다. 그러면서 시편 119:31에서

‘여호와여’라고 한다. 이어서 제5연 ‘헤’의 시이다. 시편 119:33에서 ‘여호와여’라고 한다. 그리고 제6연 ‘와우’ 혹은 ‘바브’의 시이다. ‘와우’는 ‘그리고’이다. 시편 119:41에서 ‘여호와여’라고 한다. 제4연부터 제6연까지 계속해서 ‘여호와여’라고 한다(시 119:31, 33, 41).

4) 제4연 시편 119:31과 제5연 시편 119:33의 ‘여호와여’는 간구가 중심이다.

그것도 10개의 명령형이 중심이 되고 있다. 사역(Hiphil) 명령형이다. 매우 강한 어조로 간구하고 있다.

5) 제6연을 시작하는 시편 119:41에서도 ‘여호와여’라고 하나님의 신명을 부르고 있다.

그런데 간접 명령형(Jussive)을 사용하고 있다. ‘다짐’이 중심이 되고 있다. ‘간구에서 다짐’으로 전환되고 있다. 이제 주의 종, 시편 기자는 여호와께 또 무엇을 간구하고 있는가?

1. 내게 임하게 하소서.

1) 시편 119:41에서 시편 기자는 ‘여호와여’ ‘내게 임하게 하소서’라고 한다. 내게 오게 해 달라는 것이다. 내게 있게 해 달라는 것이다. 그것도 ‘주의 말씀대로’, ‘주의 인자하심’, ‘주의 구원’에 해당

하는 단어에서 연속해서 3번이나 사용하고 있다. 그러면서 무엇을 시편 기자 자신에게 있게 해 달라고 하는가? 주의 말씀에 근거하여 주의 인자와 주의 구원을 내게 임하게 해 달라고 간구하고 있다.

2) 시편 119:42에서 나를 비방하는 자들에게 대답할 말이 있게 주의 인자와 주의 구원이 임하게 해 달라는 것이다(시 119:39). 똑똑히 봐라 하나님께서 나를 구원해 주시지 않았느냐 하면서 대답할 말이 있다는 것이다. 이 모든 것이 주의 말씀대로 내게 임한다는 것이다.

3) 그래서 시편 기자는 굳건한 다짐을 하고 있다. 크게 세 가지 다짐을 하고 있다. 첫째, '내가 의지함이니이다'라고 한다(시 119:42). 둘째, '내가 바랐음이니이다'라고 한다(시 119:43). 셋째, '내가 지키리이다'라고 한다(시 119:44).

2. 내가 자유롭게 걸어갈 것이다.

1) 시편 119:42, 43, 45에는 '키'(ㅋ)가 있다. 다시 번역하면 '내가 자유롭게 행보할 것이라'고 한다. 왜냐하면 내가 주의 법도를 구하였기 때문이라는 것이다. 바른 성경은 '내가 주님의 교훈들을 구하였으니, 자유롭게 다닐 것이며'라고 했다. 표준 새번역은 '내가 주님의 법도를 열심히 지키니, 이제부터 이 넓은 세상을 거침없이 다니게 해주십시오'라고 했다. 한마디로 주의 말씀에 대한 절대적 신뢰를 나타내고 있다(시 119:42, 43, 45).

2) 여기 '구하였다'는 말씀은 하나님에 대한 인간의 신앙적 태도를 나타내는 데에 종종 사용되고 있다(신 4:29, 사 65:1). 더 나아가서 하나님의 말씀을 존중히 여기고, 그것을 고대하고 연구하며 순종하였다는 의미까지 포괄하는 표현이다. 이 말씀은 자주 찾고, 구했다는 것이다. 문의하고, 노력했다는 것이다. 한마디로 탐구했다는 것이다. 열심히 연구하고 배우며, 순종하며 따랐다는 것이다. 이렇게 주의 말씀을 구했기 때문에 결국 고난이나 압제에서 벗어나 넓은 곳을 활보할 수 있었다는 것이다.

3) 이제 얽매이면서 속박 속에서 살아가는 것이 아니라 자유롭게, 주의 뜻, 주의 말씀에 맞추어서 살아가겠다는 것이다. 그래서 주의 말씀에 대한 다짐을 크게 세 가지로 하고 있다. 첫째, '내가 말할 것이라'고 한다(시 119:45). 둘째, '내가 스스로 즐거워한다'고 한다(시 119:47). 셋째, '내가 내 손을 들겠다'고 한다(시 119:48).

> **결론** 119편의 서문(시 119:1-16)은 제1연과 제2연이다. 제1연에서 시편 기자는 토라를 사랑하고 실천하는 자들의 '복된 삶'에 대해서 말씀했다. 제2연에서는 토라가 청년을 깨끗하게 하는 '보물'이 되고 있다.

1) 본론(시 119:17-168)은 제3연부터 시작되고 있다. '열정에서 간구'로 전환되고 있다. 제3연에서는 토라가 나그네 인생에서 '네비게이션'이 되고 있다. 제4연에서는 토라가 영혼을 살리고, 회복시키

는 '스승'이 되고 있다. 제5연에서는 토라가 달려가는 영혼에 중요한 '코스'가 되고 있다.

2) 이제 제6연이다(시 119:41-48). 제4연에서 제6연까지는 아주 밀접하게 연결되어 있다. '여호와'라는 말씀으로 연결되어 있다. 제4연 '딸렛'의 시는 시편 119:31에서 "내가 주의 증거들에 매달렸사오니 여호와여 내가 수치를 당하지 말게 하소서"(וְתֵךָ יְהוָה אַל-תְּבִישֵׁנִי: דָבַקְתִּי בְעֵד)라고 했다. 또 제5연 '헤'의 시는 시편 119:33에서 "여호와여 주의 율례들의 도를 내게 가르치소서 내가 끝까지 지키리이다"(הוֹרֵנִי יְהוָה דֶּרֶךְ חֻקֶּיךָ וְאֶצְּרֶנָּה עֵקֶב:)라고 했다. 그리고 제6연 '와우'의 시는 119:41에서 "여호와여 주의 말씀대로 주의 인자하심과 주의 구원을 내게 임하게 하소서"(וִיבֹאֻנִי חֲסָדֶךָ יְהוָה תְּשׁוּעָתְךָ כְּאִמְרָתֶךָ:)라고 했다.

3) 이렇게 제4연에서 제6연까지 시편 기자는 '여호와여'라고 하면서 간구하고 있다. 언약에 신실하신 하나님께 기도하고 있다. 이제 제6연에서는 무엇을 간구하고 있는가? 아니 더 구체적으로 말씀하면 간구라기보다는 다짐을 하고 있다. 이렇게 '간구에서 다짐'으로 전환되고 있다.

4) 그럼 무엇을 다짐하고 있는가? 첫째, '내게 임하게 하소서'라고 한다. 둘째, '내가 자유롭게 걸어 갈 것이라'고 한다. 이것을 구조적으로 보면 다음과 같다.

　A 시 119:41 주의 인자, 주의 구원

B 시 119:42 나를 비방하는 자에게 대답할 말
C 시 119:43 이는 내가 주의 규례를 바랐으니
D 시 119:44 항상 영원히 끝없이 토라를 지킴
C' 시 119:45 이는 내가 주의 법도를 따랐으니(구하였사오니)
B' 시 119:46 열왕 앞에서 주의 교훈을 말함
A' 시 119:47-48 주의 계명, 주의 율례

주의 종에게 하신 약속을 기억하소서. 주는 나에게 희망을 주셨습니다.
Remember the word unto thy servant, upon which thou hast caused me to hope.
시편 119:49

15

여호와여(III)

15 여호와여(III)

성경 : 시편 119 : 49 - 56

> **서론** 시편 119편은 크게 세 부분으로 나눌 수 있다. 첫째, 서문이다(시 119:1-16). 둘째, 본론이다(시 119:17-168). 셋째, 결문이다(시 119:169-176).

1) 본론은 시편 119:17-168이다. 이 부분은 다시 두 부분으로 크게 나눌 수 있다. 첫째 부분은 제3연-제11연(시 119:17-88)이다.

이 부분은 주로 토라의 선물을 중심으로 말씀하고 있다. 토라를 믿고 따른 자에게 주시는 선물에 대해서 말씀하고 있다. 삶을 온전케 하는 토라에 대한 시편 기자의 자세와 다짐에 초점을 맞추고 있다.

2) 둘째 부분은 제12연-제21연(시 119:89-168)이다.

이 부분은 주로 토라의 속성을 중심으로 말씀하고 있다. 토라는 지혜와 진리 그리고 공의와 정의, 더 나아가서 평화의 원천이며, 토라의 영원성에 대해서 말씀하고 있다. 지혜를 주고, 길을 비춰주는 토라의 속성과 역할에 초점을 맞추고 있다.

3) 시편 119편은 내용면에서 크게 두 부분으로 나눌 수 있다.

하나는 시편 119:1-88(알렙-카프)이고, 다른 하나는 시편 119:89-176(라멧-타브)이다. 서로 평행이 되고 있음을 알 수 있다. 이것을 구조적으로 보면 다음과 같다.

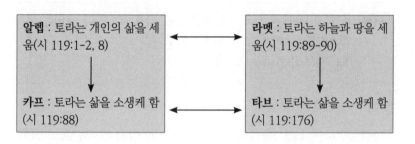

제1부 토라를 향한 시인의 자세(시 119:1-88) : 토라 용어 88개, '내가 토라를 지키리이다'	제2부 토라의 속성과 역할(시 119:89-176) : 토라 용어 89개, '빛을 주는 의로운 토라'
알렙 : 토라를 행 하는 자	
뻬트 : 말씀을 마음에 두나이다	라멧 : 법도를 잊지 않겠다
끼멜 : 이끎과 조언자인 증거	맴 : 지혜를 주는 토라
딸렛 : 율례를 내게 가르치소서	눈 : 등불과 빛이 되는 말씀
헤 : 주의 길에서 살게 하소서	싸멕 : 내가 토라를 사랑한다
바브 : 토라를 지키리이다	아인 : 의로운 주님의 말씀
자인 : 내가 기억하나이다	페 : 빛을 주는 의로운 토라
헤트 : 율례를 내게 가르치소서	짜데 : 의로운 주님의 토라
테트 : 은금보다 나은 주의 토라	코프 : 내가 말씀을 묵상합니다
요드 : 마음을 완전하게 하소서	레쉬 : 말씀의 기초는 진리
카프 : 증거를 지키는 자	신, 쉰 : 큰 평안을 주는 토라
	타브 : 계명을 잊지 않았습니다

4) 본론을 시작하는 제3연(시 119:17-24)은 '끼멜의 시'이다.

'주의 종'에 대해서 말씀하고 있다. 제4연(시 119:25-32)은 '딸렛의 시'이다. '나의 영혼'에 대해서 말씀하고 있다. 제5연(시 119:33-40)은 '헤의 시'이다. '주의 길 혹은 주의 의'에 대해서 말씀하고 있다. 제6연(시 119:41-48)은 '와의 시' 혹은 '바브의 시'이다. '주의 인자와 주의 구원', 사랑하는 주의 계명에 대해서 말씀하고 있다.

5) 제4연에서 제6연은 '여호와여'로 연결되어 있다(시 119:31, 33, 41).

그러면서 제6연에서 '기원 혹은 간구에서 다짐 혹은 결단으로' 전환이 이루어지고 있다. 그리고 나서 시편 119:49-56인 제7연도 시편 119:52, 55에서 '여호와여'라고 두 번이나 반복하면서 강조하고 있다. 이러한 제7연은 '자인의 시'이다. 히브리어 일곱 번째 자음인 '자인'으로 매 절을 시작하고 있다. 제6연의 '간구에서 결단으로'가 이제 '결단에서 고백으로, 즉 결단을 넘어서 고백'으로 이어지고 있다.

1. 주의 종에게 하신 말씀을 기억하소서.

1) 시편 119:49의 원문은 우리말 개역개정과 다르게 시작하는 첫 단어가 '기억하소서'에 해당하는 '제코르'(זְכֹר)라는 명령형으로 간절한 간구를 표현하고 있다. 이러한 '기억하다'라는 말씀이 시편 119:49에 이어 시편 119:52과 그리고 시편 119:55에 계속 반복

되고 있다. 따라서 제7연의 중요한 동사로는 '기억하다'라는 말씀이 지배적이며 전체를 이끌어가고 있다.

2) 시편 119:17을 시작하면서 '주의 종'이라고 했다. 시편 119:23에서도 '주의 종'이라고 했다. 시편 119:38에서도 '주의 종'이라고 했다. 이제 다시 시편 119:49에서 시편 기자는 '주의 종'이라고 한다. 여호와께서 시편 기자 즉 주의 종에게 개인적으로 약속하신 말씀을 기억하라는 의미가 강조되고 있다. 그러나 시편 119:52에서는 시편 기자 자신이 기억한다는 것이다. 주의 옛 규례들을 기억한다는 것이다. 그리고 시편 119:55에서는 시편 기자 자신이 주의 이름을 기억한다는 것이다. 언제? 밤에 주의 이름을 기억한다는 것이다. 그러면서 기억한다는 말씀이 조금씩 그 의미가 다르게 기록되어 있다.

3) 시편 기자는 '…주께서 나로 소망이 있게 하셨나이다'라고 한다. 좀 더 구체적으로 시편 119:50에서 "이 말씀은 나의 고난 중의 위로라. 주의 말씀이 나를 살리셨기 때문이니이다"라고 한다. 이러한 고백의 내용보다 시편 119:51-52에서는 좀 더 자세히 말씀하고 있다. 교만한 자들이 나를 심히 조롱하였어도 나는 주의 법을 떠나지 않았다고 한다(시 119:50). 커다란 고난과 수치스런 상황이 닥쳐도 말씀에 대한 자신의 순종과 충성의 태도가 조금도 변하지 않았다는 것이다.

2. 주의 옛 규례를 내가 기억하게 하소서.

1) 시편 119:49에서 '기억하소서'라고 했는데, 이제는 시편 119:52 에서 '내가 기억한다'는 것이다. 여호와 하나님의 기억이 아니라 주의종, 시편 기자 자신이 기억한다는 것이다. 그것은 '주의 옛규 례들'이라고 한다.

2) 지금 시편 기자는 과거 열조와 이스라엘의 역사를 통해서 신실하 심이 증명된 그 주의 말씀, 주의 규례들을 내가 기억하고, 그 기억 으로 말미암아 위로를 얻었다는 것이다. 내 스스로 얻었다는 것이 다(시 119:52). 또한 주의 종은 이러한 거룩한 분노를 넘어 이제 노 래가 되었다고 한다(시 119:54). 그리고 주의 종은 밤에 주의 이름 을 기억하고 주의 법을 지켰다고 한다(시 119:55).

3) 그러면서 시편 119:56에서 내 소유는 이것이라고 한다. 곧 주의 법도를 지킨 것이라고 한다. 주의 말씀을 지키는 것이 나의 전부, 가장 중요한 것이라는 것이다. 이렇게 지킬 수 있게 된 것은 나를 위해, 하나님께서 주신 선물이었다는 것이다. 따라서 시편 기자는 주의 말씀을 중심으로, 어떻게 말씀과 동행하면서 살았는지 그 충 성과 열정을 고백하고 있다.

제4연의 뒷 부분, 시편 119:31에서부터 '여호와여'라고 하면서 시작하고 있다. 또 제5연을 시작하는 시편 119:33에서 '여호와여', 제6연을 시작하는 시편 119:41에서 '여호와여'라고 했다.

1) 이제 제7연(시 119:49-56)의 중심과 뒷 부분에서 두 번에 걸쳐 '여호와여'라고 한다. 제6연의 '간구에서 다짐으로'가 이제 '다짐에서 고백'으로 이어져 가고 있다. 그러면서 시편 기자는 '여호와여'라고 하면서 간구를 하고 있다.

2) 먼저 '주의 종에게 하신 말씀을 기억하소서'라고 한다. 그것은 바로 '주께서 내게 소망을 가지게 하셨다'는 것이다. '나의 고난 중의 위로'가 되게 했다는 것이다. 그것은 주의 말씀이 시편 기자를 살리셨기 때문이다. 시편 기자의 생명이 바로 주의 말씀이었다. 이러한 주의 말씀을 통해 위로를 얻고, 소망을 가지게 되었다는 것이다.

3) 다음은 '주의 옛 규례를 내가 기억하게 하소서'라고 한다. 그것은 바로 '내가 스스로 위로하였다'는 것이다. '나그네 된 집에서 노래'가 되게 했다는 것이다. 시편 기자의 기쁨이 되었다는 것이다. 그래서 밤에 주의 이름을 기억하고 주의 법을 지켰다는 것이다. 주의 법도들을 지킨 것이 내 소유가 되었다는 것이다.

4) 제7연 '자인'의 시(시 119:49-56)에는 '기억하다'라는 동사가 세 번 나오고 있다(시 119:49, 52, 55). 이렇게 '자인'의 시에서는 자신

을 기억해 달라는 주의 종이 두 번이나 주의 말씀을 기억하겠다고
다짐하는 모습이 두 드러지고 있다. 이것을 구조적으로 보면 다음
과 같다.

  A 시 119:49-50 주의 종에게 하신 말씀을 기억하소서
    B 시 119:51 나는 주의 법을 떠나지 아니함
      C 시 119:52-53 내가 주의 판단(옛 규례들)을 기억하나이다
    B' 시 119:54 내게 주의 율례가 노래가 됨
  A' 시 119:55-56 나는 밤에 주의 이름을 기억하나이다

여호와여, 주는 내가 필요로 하는 전체이므로 내가 주의 말씀에 순종하기로 약속
하였습니다.

Thou art my portion, O Lord: I have said that I would keep thy words.

시편 119:57

16

여호와여(IV)

16 여호와여(IV)

성경 : 시편 119 : 57 – 64

> **서론** 시편 119편 제4연부터는 '주의 말씀'을 의미하는 다양한
> 단어도 계속해서 연결되고 있다. 그러나 그 가운데 핵심
> 단어는 '여호와여'라는 단어이다.

1) 제4연 '딸렛'의 시는 시편 119:31에서 '여호와여', 제5연 '헤'의
시는 시편 119:33에서 '여호와여'라고 하면서 기원 혹은 간구가
중심이다.

2) 제6연 '와'의 시, 혹은 '바브'의 시는 시편 119:41에서 '여호와
여'라고 하면서 간구를 넘어 다짐, 결단이 중심을 이루고 있다.

제7연 '자인'의 시는 시편 119:52에서 '여호와여', 시편 119:55에서
도 '여호와여'라고 두 번이나 반복하고 있다. 그런데 제6연이 주로
미래적이고, 의지적이라면, 제7연은 과거적, 회고적이라고 할 수 있
다. 그래서 제7연은 고백이 중심이다. 따라서 제5연에서 제7연까지
는 간구-다짐-고백으로 서로 연결되어 있다.

3) 시편 119:57-64의 제8연은 '헤트'의 시이다.

제8연은 제7연과 밀접하게 연결되어 있다. 상당히 유사하다. 제7연

에서는 주의 종에게 하신 말씀을 기억해 달라고 한다. 왜냐하면 주의 말씀은 소망이요, 위로요, 생명이기 때문이라는 것이다. 또 내가 주의 말씀을 기억하겠다는 것이다. 왜냐하면 주의 말씀은 스스로 위로하였고, 맹렬한 분노에 사로잡혔던 나의 노래가 되었기 때문이다. 나의 소유가 되었기 때문이라는 것이다. 그래서 주의 말씀을 지켰고, 지킨다는 것이다.

4) 이제 제8연에는 제7연보다 주의 말씀의 준행에 관한 주의 종, 시편 기자의 의지가 더욱 적극적으로 나타나고 있다.

주의 말씀에 대한 헌신을 상당히 강조하고 있다. 헌신 즉 준행을 강조하고 있다. 시편 기자, 즉 주의 종은 주의 말씀에 대한 자신의 순종의 뜨거운 열정과 열심을 말씀하고 있다.

1. 나의 분깃이다.

1) 시편 119:57에서 시편 기자, 주의 종은 '여호와여, 나의 분깃입니다'라고 한다. 여기 분깃이라는 말씀은 유업의 몫(신 10:9)을 의미한다. 이스라엘 백성들이 약속의 땅으로 들어갈 때 여호와 하나님께서 각 지파와 집안 별로 나누어준 '분깃'이 있었다(신 32:9). 하지만 제사장들에게는 여호와 하나님이 '분깃'이었다.

2) 시편 기자는 제사장이나 레위인들과 같이 '여호와여, 나의 분깃이

시니'라고 한다. 이러한 말씀은 구약에서 아론의 자손과 레위인들에게 하나님이 기업이 되어주셨다는 말씀을 연상케 하고 있다(민 18:20). 이처럼 시편 기자가 여호와 하나님이 자신의 기업이라는 것은 하나님을 섬기는 것, 즉 주의 말씀에 순종함이 자신의 삶의 전부이며 소망임을 고백하는 것과 같다.

3) 이제 시편 119:57에서 "나는 주의 말씀을 지키리라 하였나이다"라고 한다. 여호와 하나님을 기업으로 삼았으므로 주의 말씀을 지키는 것이 당연하다는 것이다. 합당하다는 것이다. 주의 말씀에 대한 준행과 헌신의 의지를 강력하게 드러내고 있다. 그래서 여호와 하나님께서 자신의 기업이시기 때문에 그 여호와 하나님을 기업으로 삼은 자답게 주의 말씀을 따라 살기로 굳게 다짐하고 있다.

4) 이렇게 하기 위해서 시편 기자는 어떻게 하였는가? 첫째, 내가 간구하였다는 것이다(시 119:58). 둘째, 내가 돌이켰다는 것이다(시 119:59). 셋째, 내가 계명을 지키기에 신속했다는 것이다(시 119:60).

2. 땅에 충만하다.

1) 제8연은 시편 119:57에서 '여호와여'라고 시작했다. 이제 제8연을 마무리 지으면서 시편 119:64에서 '여호와여' 주의 인자하심이 충만하였다는 것이다. 시편 119:41에서 주의 인자하심이 임하는

것에서 이제 가득 찼다는 것이다. 어디에 충만하였다고 하는가? '땅'이다. '땅'은 좁은 의미로는 가나안 땅(신 18:9), 혹은 '인간의 거주지'(창 19:3)을 의미한다. 그러나 넓은 의미로는 하나님이 창조하신 피조 세계 전체(창 1:1) 혹은 온 세상을 의미한다. 여호와의 인자하심이 모든 피조물에 넘치도록 풍성한 것을 말씀하고 있다.

2) 온 우주에 풍성하신 하나님의 인자하심을 알기 위해 주의 말씀으로 나를 가르쳐달라고 한다. 지금까지는 지키기 위해서 가르쳐 달라고 했다(시 119:12, 26, 33). 그러나 이제는 주의 인자하심 때문에 가르쳐 달라는 것이다. 깨닫게 해 달라는 것이다.

3) 그래서 시편 기자는 '주의 인자하심'을 깨닫게 되기 위해서 크게 세 가지를 말씀하고 있다. 첫째, 주의 법을 잊지 않겠다는 것이다 (시 119:49, 52, 55, 61). 둘째, 주의 의로운 규례들을 감사한다는 것이다(시 119:55, 57-61, 62). 셋째, 주의 법도를 지키는 모든 자들과 친구가 된다는 것이다(시 119:63).

결론 시편 119편은 한 편의 드라마이다. 제4연부터 제8연까지 계속적으로 연결되어 있다. 그 중심 단어가 '여호와여' 이다(시 119:31, 33, 41, 52, 55, 57, 64). 그 중에 제5연은 간구가 중심이다. 제6연은 간구에서 다짐이 중심이다. 제7연은 다짐에서 고백이 중심이다. 제8연은 고백에서 헌신이 중심이다.

1) 시편 119:57-64의 제8연에서 왜 시편 기자, 주의 종은 주의 말씀을 지킨다고 하는가? 순종하겠다고 하는가? 그것은 바로 나의 분 깃이기 때문이라는 것이다. 나의 유업이요, 나의 미래요, 나의 운명이요, 나의 축복이라는 것이다. 그래서 시편 기자는 주의 말씀에 목숨을 걸고, 내가 전심으로 주께 간구했다는 것이다. 주의 말씀대로 은혜를 베풀어 달라고 했다는 것이다.

2) 이어서 내 행위를 생각하고, 내 발길을 돌이켰다는 것이다. 주의 말씀에 맞추어 돌이켰다는 것이다. 그리고 주의 말씀을 신속하게 지켰다는 것이다. 절대로 지체하지 않았다는 것이다. 구할 뿐만 아니라 지체하면 행할 수 있는 기회를 놓칠 수 있기 때문에 신속히 지키겠다는 것이다. 그 이유는 여호와가 나의 분깃이고, 주의 말씀이 나의 유업이기 때문이라는 것이다. 내 인생의 미래의 운명이라는 것이다.

3) 왜 시편 기자, 주의 종은 주의 말씀을 배운다고 하는가? 가르쳐달라고 하는가? 그것은 땅의 충만이기 때문이다. 나의 극복이요, 나의 승리요, 나의 비결이요, 나의 해결이라는 것이다. 그래서 시편 기자는 주의 말씀을 가르쳐 달라는 것이다. 내가 절대로 주의 말씀을 잊지 않겠다고 한다. 반드시 기억하겠다는 것이다. 그래서 현재 감사한다는 것이다. 고난 가운데 감사한다는 것이다. 감사할 뿐만 아니라, 나의 친구가 주를 경외하는 자요, 주의 법도를 지키는 자들이라는 것이다. 그들을 통해서 주의 말씀, 즉 주의 인자가 충만하고, 예수가 충만하고, 성령이 충만하다는 것이다.

여호와여, 주는 주의 말씀대로 주의 종에게 은혜를 베푸셨습니다.
Thou hast dealt well with thy servant, O Lord, according unto thy word.
시편 119:65

17

여호와여(V)

17 여호와여(V)

성경 : 시편 119 : 65 - 72

> **서론** 시편 119편은 한 편의 드라마와 같다.' 주의 말씀'을 의미하는 다양한 단어가 계속해서 이어지고 있다. '주의 말씀', '주의 율법', '주의 규례', '주의 계명', '주의 교훈', '주의 증거', '주의 율례', '주의 법도', '주의 법', '주의 길', '주의 의' 등등 아주 다양한 표현들이 계속해서 나타나고 있다. 또한 그 중심의 핵심 단어인 '여호와여'라는 말씀과 계속 연결되고 있다.

1) 제4연 '딸렛의 시' 시편 119:31에서 '여호와여'라고 시작하고 있다.

   제5연 '해의 시' 시편 119:33에서 '여호와여'라고 시작하고 있다. 철저히 기원 혹은 간구가 중심을 이루고 있다. 제6연 '와의 시' 혹은 '바브의 시' 시편 119:41에서 '여호와여'라고 시작하고 있다. 철저히 간구를 넘어 다짐, 결단이 중심을 이루고 있다.

2) 제7연은 '자인의 시'로서 시편 119:52과 시편 119:55에서 '여호와여'라고 두 번이나 반복하고 있다.

   제6연이 주로 미래적이고, 의지적이라면, 제7연은 과거적, 회고적이라고 할 수 있다. 그래서 제7연은 다짐을 넘어 고백이 중심을 이루고 있다. 제8연은 '헤드의 시'로서 시편 119:57에서 '여호와여'라고 시작하고, 시편 119:64에서 '여호와여'라고 끝을 맺고 있다. 제8연은 7연보다 더욱 적극적이다. 주의 말씀에 대한 열정, 열심, 헌신을 강조하고 있다. 따라서 제5연에서 제8연까지는 간구-다짐-고백-헌신의 연결로 이루어져 있다.

3) 그렇다면 '테드의 시'인 제9연은 어떠한가? 제9연은 제8연과 밀접하게 연결되어 있다.

제8연은 여호와여, 주의 말씀은 나의 분깃이고 나의 유업이며, 나의 전부라고 했다. 그래서 주의 은혜를 베풀어 달라고 간구하였다. 발길을 돌이켰다. 지체하지 않고 신속하였다고 했다. 그리고 또 여호와여, 주의 말씀은 땅에 충만하고 주의 인자하심이 충만하였다. 그래서 잊지 않았다는 것이다. 감사한다는 것이다. 나의 친구라는 것이다. 따라서 악인들의 줄이 내게 두루 얽혔을지라도 주의 말씀을 통해 승리할 수 있었다는 것이다. 이겨낼 수 있었다는 것이다.

4) 이제 제9연은 시편 119:65에서 또 '여호와여'라고 시작하고 있다.

그러면서 우리말 개역개정에서는 서로 다르게 번역을 하고 있다. 시편 119:65은 '선대', 시편 119:66은 '좋은', 시편 119:68은 '선하사', 시편 119:71은 '유익', 시편 119:72은 '좋으니이다'라고 한다. 그러나 원문은 모두 동일하게 '토브'(ᴛᴏᴠ) 단어를 사용하고 있다. 총 5번으로 매절의 맨 앞에 나오고 있다. 그래서 제9연은 '헌신'을 넘어서, 이제 '토브'(טוֹב)가 중심이다. 하나님의 창조활동에서 나타난 것이 바로 '토브'이다(창 1장).

1. 주의 종을 '토브'하셨다.

1) 시편 119:65에서 시편 기자는 '주의 종을 선대하셨다'라고 한다. 완료형으로 기록하고 있다. 누가 했는지 우리말 개역개정에는 주어가 없다. 하지만 주어는 분명히 '여호와 하나님'이시다. 여호와 하나님이 하셨다는 것이다.

2) 그럼 무엇을 행하셨는가? '토브'(טוֹב)를 행하셨다. 우리말 개역개정은 '선대'를 행하셨다고 한다. 여기 '선대' 즉 '토브'는 생명을 살려주는 구원의 행위(삼상 24:18), 물질적 번영(호 10:1), 영적, 궁극적 유익(잠 8:11) 등 매우 다양한 용례로 사용되는 단어이다. 잘 대해 주셨다는 것이다. 여호와 하나님이 좋게 해 주셨다는 것이다.

3) 무엇으로 선대 즉 '토브'를 행하셨는가? '주의 말씀대로'이다. 여호와 하나님이 주의 말씀에 근거하여 모든 일을 행하신 것이다. 말씀을 벗어난 일이 없으시다.

4) 그러므로 주의 종은 주의 말씀에 대해서 어떻게 하고 있는가? 세 가지를 기록하고 있다. 첫째, 내가 믿었다는 것이다(시 119:66). 둘째, 내가 지킨다는 것이다(시 119:67). 셋째, 나를 가르쳐 달라는 것이다(시 119:68).

2. 천천 금은보다 '토브'하다.

1) 이렇게 주의 말씀대로 주의 종을 '토브'하신다. 이제 주의 종은 주의 말씀을 '토브' 하다는 것이다. 시편 119:72에서 우리말 개역개정은 '좋으니이다'라고 맨 뒤에 있지만, 원문은 '토브'가 맨 앞에 있다. 내게는 좋다. '주의 입의 법'이 좋다는 것이다.

2) 무엇보다도, '천천 금은'보다도 주의 말씀이 훨씬 낫다는 것이다. 뛰어나다는 것이다. 가장 좋은 것이라는 것이다. 여기 '천천 금은'은 가장 큰 물질적 가치를 표현하는 관용적 표현이다. 천의 복수이므로 천들이다. 세상에 있는 금과 은 전부를 다 가져다 놓은 복수라고 할 수 있다. 그 어떤 물질적 가치보다 주의 말씀이 훨씬 더 낫다는 것이다. 인간에 주어지는 명예, 번영 등 삶과 관련된 모든 요소보다도 더 좋다는 것이다.

3) 그래서 시편 기자, 즉 주의 종은 천천 금은보다 더 좋은 주의 말씀에 대해 어떻게 말씀하고 있는가? 크게 세 가지를 말씀한다. 첫째, 내가 지킬 것이라고 한다(시 119:69). 둘째, 나는 즐거워한다는 것이다(시 119:70). 셋째, 내가 배우게 되었다는 것이다(시 119:71).

> **결론** 시편 119편은 성경에서 가장 긴 장이다. 그래서 다 읽혀
> 지지 않는 가장 지루한 장이다. 그러나 시편 119편은 가
> 장 위대한 시편이다. the great psalms이다. 성경 자체
> 가 다이아몬드, 보석이지만, 시편 119편도 주의 말씀에
> 대해 예찬을 하고 있는 보화이다.

1) 시편 119편의 제5연부터 제9연까지 계속적으로 '여호와여'라는
   말씀으로 연결되고 있다. 제9연은 '토브'가 중심이 되면서 다섯번
   이나 기록하고 있다. 시편 119:65-66에서 '선대'와 '좋은' 즉 '토
   브'로 말씀을 시작하고 있다. 시편 119:68에서도 '선하사' 즉 '토
   브'를 말씀하고 있다. 그리고 시편 119:71-72에서 '유익'과 '좋은'
   즉 '토브'로 말씀을 마치고 있다.

2) 시편 119:65-66에서 시편 기자, 주의 종은 여호와께서 먼저 주의
   종을 '토브'했다는 것이다. 그래서 주의 종은 믿었다는 것이다. 지
   킨다는 것이다. 가르쳐 달라고 한다. 그 다음은 천천 금은보다 '토
   브'하다는 것이다. 그래서 주의 종은 지키겠다는 것이다. 즐거워한
   다는 것이다. 배우게 되었다는 것이다.

3) 그 다음은 고난이 중심이 되고 있다. 시편 119:67에서 고난 당하
   기 전에는 제대로 알지 못했다는 것이다. 그러나 이제는 주의 말씀
   이 얼마나 귀중하고, 소중한지를 알았다는 것이다. 그래서 이제는
   주의 말씀을 지킨다는 것이다. 또한 시편 119:71에서 고난당하는
   것이 내게는 '토브'라는 것이다. 개인적이고 인간적인 관점에서 고

난을 보면 고난이 고난이다. 절대적으로 '토브' 즉 '좋은 것'이 아니라, 어려움이요, 나쁜 것이다. 그러나 여호와 하나님의 눈으로 보면, 하나님의 관점에서 보면 고난이 토브, 좋은 것이다. 유익이다. 개인적 감정이 아니라, 주의 말씀을 통해, 성령의 조명을 통해 깨닫게 되었다는 것이다.

4) 주의 말씀으로 주의 종을 '토브'했다. 주의 말씀은 천천 금은보다 더 귀한 '토브'이다. 이 세상 전부와도 바꾸지 않는 것이 천천 금은인데, 이보다 더 가치 있고, 소중한 것이 바로 주의 말씀이다. 따라서 주의 말씀은 '토브'이다. 유익이요, 축복이다. 주의 종의 보물창고이다. 말씀이 육신이 되어 우리 가운데 오신 예수 그리스도는 '토브'이다.

주께서 나를 만들어 세우셨으니 이제 주의 법을 배울 수 있도록 깨닫는 마음을
나에게 주소서.
Thy hands have made me and fashioned me: give me understanding, that I may
learn thy commandments.
시편 119:73

18

주의 종(II)

주의 종(II)

성경 : 시편 119 : 73 - 80

> **서론** 시편 119편은 '여호와여'라는 말과 아주 밀접하게 연결되어 있다. 그리고 또 하나 '주의 종'이라는 말과도 아주 밀접하게 연결되어 있다. 시편 119:1-88에서는 총 8번이 나타나고 있다(시 119:9, 17, 23, 38, 49, 65, 76, 84). 그러나 시편 119:9의 '청년'과 시편 119:84의 '주의 종의 날'이라는 말을 제외하면 실제적으로 총 6번이 나타나고 있다.

1) 본격적으로 시편 119:17에서부터 나타나고 있다.

제5연에서 '여호와여'(시 119:33)와 '주의 종'(시 119:38)이 같은 연에서 함께 나타나고 있다. 그리고 제7연에서 '주의 종'(시 119:49)과 '여호와여'(시 119:52, 55)의 순서가 바뀌어 같은 연에서 함께 나타나고 있다. 그러다가 제9연에서 다시 순서가 바뀌어 '여호와여'와 '주의 종'(시 119:65)이 같은 구절, 같은 연에서 함께 나타나고 있다.

2) 이어서 제10연에서 '여호와여'(시 119:75)와 '주의 종'(시 119:76)이 같은 구절이 아닌 같은 연에서 함께 나타나고 있다.

'여호와여'라는 제5연에서 제9연까지는 '여호와여'가 중심이 되어 오다가 제10연에서 '주의 종'으로 전환을 이루고 있는 것이다.

3) 마치 제4연에서 '나의 영혼'(시 119:25, 28)으로부터 '여호와여'(시 119:31)로 전환을 이루고 제5연에서 '여호와여'(시 119:33)에서 '주의 종'(시 119:38)으로 전환을 이루고 있는 것과 동일하게 그대로 '여호와여'에서 '주의 종'으로 자연스럽게 전환을 이루고 있다.

4) 그러면서 제10연은 크게 두 부분으로 나눌 수 있다.

앞부분인 시편 119:73-75은 완료시상으로 되어 있다. 그런데 반해 뒷부분인 시편 119:76-80은 미완료시상으로 되어 있다. 그 가운데 시편 119:75-76에서는 '여호와여'와 '주의 종'이 함께 나타나고 있다. 따라서 시편 119편의 전반부(1-88절)를 제1-2연의 서론은 생략하고 거시적으로 보면 다음과 같은 구조로 볼 수 있다.

A 제3연과 제4연은 '주의 종' - '나의 영혼'(-'여호와여')

　B 제5연에서 제9연은 '여호와여'(x5)

A' 제10연과 제11연은 ('여호와여'-)'주의 종' - '나의 영혼'

5) 제3연(시 119:17-24)에 이어서 '요드의 시'인 제10연(시 119:73-80)에서 '주의 종'이 다시 나타나고 있다.

1. 나의 위안이 되게 하신다.

1) 시편 119:75-76에서 시편 기자, 주의 종은 '여호와여'라고 하면서 간구하고 있다. '내가 구하오니'(כִּֽי־אָ֫)라고 하면서 시편 기자 자신이 간절히 간구하고 있다. '나의 위안'이 되게 해주시기를 간구하고 있다.

2) 나의 '위안' 즉 '나함'(נִחֻם)은 갓난아기에 대한 어머니의 자애롭고 긍휼히 여기는 태도를 나타내고 있다. 위로, 안위, 긍휼이라는 다양한 번역이 가능하다. 젖 먹는 갓난아이기에 어머니의 자비로움을 베풀어 주어서 그것이 나에게 위로가 되게 해 달라는 것이다.

3) 단순히 주의 인자하심이 주의 종에게 위로가 되기를 간구하는 것이 아니라, 주의 인자하심으로 말미암은 구체적인 행위가 주의 종의 삶에 그대로 나타나서 그로 말미암아 주의 종이 위로를 얻기를 간구하고 있다.

4) 그래서 주의 종은 뭐라고 하는가? 크게 세 가지로 말씀하고 있다. 첫째, 내가 말씀을 깨달아 배우게 해달라고 한다(시 119:73). 둘째, 내가 말씀을 바라고 있다고 한다(시 119:74). 셋째, 내가 주의 의롭고 성실하심을 안다고 한다(시 119:75).

2. 나의 즐거움이라고 한다.

1) 시편 119:77에서 주의 법은 나의 즐거움이라고 한다. 주의 말씀이 주의 종에게 위안이 되고, 이제는 주의 종의 기쁨이 된다는 것이다. 주의 말씀을 즐거움으로 삼았다는 것은 말씀에 대한 배움의 열정과 말씀에 대한 사랑, 깨달음, 준행 등을 포괄하는 표현이다. 말씀에 근거한 성숙한 삶을 살았다는 것이다.

2) 우리말 개역개정에는 생략이 되어 있지만, 원문에는 접속사 '키'(כִּי)가 있다. 주의 긍휼히 여기심이 내게 임하여 나로 살게 하소서라고 한다. 여기 '긍휼' 즉 '라함'(רַחַם)은 불쌍히 여기는 것, 동정, 자비의 뜻을 가지고 있다. 여성의 자궁이 의미하는 것은 마음 깊은 곳으로부터 올라오는 뜨거운 사랑, 무조건적인 모성의 자비, 자격 없는 자에게 베풀어 주는 은혜 등이다.

3) 위안이 되는 이유가 바로 '주의 법은 나의 즐거움'이라는 것이다. 접속사 '키'를 넣어서 다시 번역하면, 왜냐하면 당신의 율법은 나의 기쁨이기 때문이라는 것이다.

4) 그래서 주의 종은 뭐라고 하는가? 크게 세 가지로 말씀하고 있다. 첫째, 나는 묵상하겠다고 한다(시 119:78). 둘째, 내게 돌아오게 해달라고 한다(시 119:78, 79). 셋째, 내 마음이 온전해지게 해달라고 한다(시 119:80).

시편 119편은 제5연의 시편 119:33에서 '여호와여'라
고 시작하였고, 제9연도 시편 119:65에서 '여호와여'라
고 시작하고 있다. 그리하여 제5연에서 제9연까지 총 다
섯 번에 걸쳐서 '여호와여'라는 말씀이 '주의 말씀'과 함
께 중요한 연결의 중심이 되고 있다. 간구에서 다짐으로,
다짐에서 고백으로, 고백에서 헌신으로, 헌신에서 '토브'
로까지 이어지고 있다. 지금까지는 주의 말씀을 사모하는
자, 시편 기자, 주의 종이 주의 말씀을 향해 드리는 간구
와 다짐과 고백과 헌신과 '토브'에 대해서 말씀하고 있다.

1) 이제 제10연 '요드의 시'는 '여호와여'에서 '주의 종'으로 전환될
   뿐만 아니라, 주의 말씀을 신뢰하는 자의 입장에서 여호와께 드리
   는 구원의 간구를 말씀하고 있다. 주의 말씀이 하는 역할을 강조하
   고 있다. 주의 말씀이 주의 종에게 하시는 역사에 대해서 말씀하고
   있다.

2) 첫째, 주의 종은 주의 말씀이 나에게 위안이 되어준다는 것이다.
   나의 위로가 된다는 것이다. 고난 중에서도, 주의 종을 괴롭게 하
   는 것이 여전히 있어도 주의 말씀이 나의 위로가 된다는 것이다.

3) 그것은 바로 첫째로, 주의 종이 깨달아 배웠기 때문이라는 것이다,
   주의 손으로 주의 종을 창조했기 때문이라는 것이다. 둘째로, 주의
   종이 바라보면서 소망하기 때문이라는 것이다. 주를 경외하는 자
   들이 나를 보고 기뻐한다는 것이다. 셋째로, 주의 종이 체험적으로

알았기 때문이라는 것이다. 주의 심판은 의롭고, 주의 종의 고난도 주의 성실하심 때문이라는 것이다. 그래서 주의 손에 모든 것을 다 맡긴다는 것이다. 주의 종에게 주의 말씀대로 주의 인자하심이 '나의 위안이 되게' 하기를 간구하고 있다. 주를 경외하는 자들이 주의 종을 보고 기뻐하게 해 달라고 간구하고 있다.

4) 둘째, 주의 종은 주의 말씀이 나의 즐거움이라고 한다. 나의 기쁨이 된다는 것이다. 교만한 자들이 거짓으로 주의 종을 엎드러뜨렸지만 여전히 주의 말씀은 나의 기쁨이 된다는 것이다.

5) 그래서 첫째로, 주의 종은 묵상한다는 것이다. 교만한 자들이 거짓으로 나를 치고, 넘어뜨렸지만 그럼에도 불구하고 주의 종은 작은 소리로 읊조린다는 것이다. 둘째로, 주의 종은 돌아오게 하소서라고 한다. 교만한 자들의 거짓 때문에 주를 경외하는 자들이 잠시 떠났으나 이제 다시 돌아오면 그들이 주의 증거들, 진리를 알게 될 것이라는 것이다. 셋째로, 주의 종은 마음이 온전하게 해달라고 한다. 주의 말씀과 일치, 하나 됨을 통해 온전케 해달라고 한다. 그래서 주의 종이 절대로 수치를 당하지 않게 해달라고 한다. 그러나 반대로 주의 종을 대적했던 교만한 자들은 수치를 당하게 해 달라고 한다. 주의 말씀의 공의가 실현되게 해달라고 간구하고 있다. 교만한 자들에게 대반전의 역사를 간구하고 있다.

내가 주의 구원을 사모하다가 지쳤으나 그래도 나는 주의 말씀을 신뢰합니다.

My soul fainteth for thy salvation: but I hope in thy word.

시편 119:81

19

나의 영혼이(II)

성경의 중앙

19

나의 영혼이(II)

성경 : 시편 119 : 81 - 88

서론 시편 119편은 크게 두 부분으로 나누어질 수 있다. 첫째 부분은 시편 119:1-88이다. 토라의 선물을 주로 말씀하고 있다. 토라가 그를 믿고 따르는 자에게 주는 은혜를 중심으로 말씀하고 있다. 토라를 사랑하고 실천하는 자들의 복된 삶에 대한 선언으로 시작하고 있다. 둘째 부분은 시편 119:89-176이다. 토라의 속성을 주로 말씀하고 있다. 토라의 영원성을 찬양하고 있다. 제11연에서 제12연으로 넘어가면서 갑작스럽게 분위기가 전환되며, 애통에서 찬양으로 바뀌고 있다. 이러한 토라가 우주의 모든 영역에 다 미치고 있다.

---

1) 제11연은 '카프의 시'이다.

제11연의 '카프의 시'는 지금까지 계속해서 이어지는 '주의 말씀'과 밀접하게 연결되어 있다. 물론 그 표현은 아주 다양하게 기록되어 있다. '주의 말씀', '주의 율법', '주의 규례', '주의 계명', '주의 교훈', '주의 증거', '주의 율례', '주의 법도' 등. 이러한 총 8개의 용어들이 아주 다양하게 나타나고 있다.

19. 나의 영혼이(II) • 251

2) 그러면서 제11연은 제10연에서 '여호와여'(시 119:75)가 '주의
   종'(시 119:76)으로 전환된 데 이어서 '나의 영혼'(시 119:81)이
   라고 한다.

   제3연에서 '주의 종'(시 119:17, 23)으로 시작하여, 제4연에서는 '나의
   영혼'(시 119:25, 28)을 말씀하면서 '여호와여'(시 119:31)가 나오기 시
   작한다. 제5연부터 제9연까지 계속 '여호와여'(시 119:33, 41, 52, 57,
   64, 65, 75)라고 하다가 제10연에서 '주의 종'(시 119:76)으로 전환된
   다. 그리고 제11연에서 '나의 영혼'(시 119:81)으로 전환이 이루어지
   고 있는 것이다.

3) 그러면서 제5연에는 '여호와여'(시 119:33)와 '주의 종'(시
   119:38)이 함께 나오고 있다.

   또 제7연에는 '주의 종'(시 119:49)과 '여호와여'(시 119:52, 55)가 순
   서가 바뀌어 함께 나오고, 제9연에서는 다시 순서가 바뀌어 '여호와
   여'와 '주의 종'이 같은 절(시 119:65)에 함께 나오고 있다. 이어서 제
   10연에도 '여호와여'(시 119:75)와 '주의 종'(시 119:76)이 함께 나오
   고 있다.

4) 이렇게 '여호와여'가 제5연-제9연의 다섯 연에서 중심을 이루
   어 오다가 제10연에서 '주의 종'으로 전환이 이루어지고 있는
   것이다.

   마치 제3연의 '주의 종'(시 119:17, 23)에 이어 제4연에서 '나의 영

혼'(시 119:25, 28)이 나타났다가 '여호와여'(시 119:31)로의 전환이 이루어진 것처럼, 제5-9연에서는 '여호와여'(시 119:33)가 중심이 된 가운데 '주의 종'(시 119:38)이 함께 나오다가 제10연에서 자연스럽게 '여호와여'에서 '주의 종'으로 전환이 이루어졌고, 제11연에서 '나의 영혼'이 다시 나타난 것이다.

5) 이러한 시편 119편의 전반부(1-88절)를 제1-2연의 서론은 생략하고 거시적으로 보면 다음과 같은 구조로 볼 수 있다.

    A 제3연과 제4연은 '주의 종' - '나의 영혼'(-'여호와여')

      B 제5연에서 제9연은 '여호와여'(x5)

    A' 제10연과 제11연은 ('여호와여'-)'주의 종'- '나의 영혼'

6) 시편 119편의 제11연(시 119:81-88)에서는 제4연(시 119:25-32)의 '나의 영혼'에 이어 다시 '나의 영혼(II)'이 나타난다.

1. 주의 구원을 사모한다.

1) 시편 119:81에서 시편 기자, 주의 종은 나의 영혼이 피곤하다고 한다. 여기 '피곤하다'는 말씀은 소모하다, 고갈되다라는 의미이다. 주의 종은 육체적, 정신적 에너지가 모두 소진된 상태에 이르도록 하나님의 구원하심을 열렬하게 소망하고 있다. 하나님께서

더 이상 지체치 마시고 하루속히 구원하여 주시기를 간절히 간구하고 있다.

2) 시편 119:81에서 나의 영혼이 피곤하다고 했는데, 이제 시편 119:82에서 내 눈이 피곤하다고 한다. 주의 종은 소망과 사랑에 온 힘과 정열을 기울였으나 매우 심각한 고난의 정황 속에서 자신의 내적인 힘이 점점 소진해 가고 있음을 나타내주고 있다. 나의 영혼은 당신의 구원 때문에 약해졌다는 것이다. 극도로 쇠약하고 곤핍해 질 정도로 구원에 대한 강한 욕망을 가졌다는 것이다.

3) 시편 119:83에서 검게 말라 비틀어져 버림받은 가죽 부대와 같이 주의 종의 비참한 상태를 강조하면서 주의 구원을 호소하고 있다. 빛이 검게 되어 가죽 부대인지 언뜻 알아보기 힘든 것과 같이 사람이 초췌하여 검어진 것, 더 알아 보기 힘들 정도로 비참한 상황을 말하면서 주의 구원을 간구하고 있다.

4) 시편 119:84에서 주의 종의 영혼은 만신창이가 되어 있다. 대적자들로 인하여 엄청난 고통 속에서 주의 구원을 호소하고 있다. 하루 빨리 구원을 이루어주시기를 호소하고 있다. 그럼에도 불구하고 주의 종은 '나의 영혼'이 주의 말씀에 대해서 어떻게 한다고 하는가? 크게 세 가지로 말씀하고 있다. 첫째, 나는 바라나이다라고 한다(시 119:81). 둘째, 내 눈이 피곤하다는 것이다(시 119:82). 셋째, 내가 잊지 아니하나이다라고 한다(시 119:83).

2. 주의 인자에 호소한다.

1) 주의 종이 '나의 영혼'이라고 하면서 자신이 겪은 극한 환난과 자신의 신앙을 고백하면서 신속한 구원, 주의 구원을 사모하면서 간구하고 있다. 이제 시편 119:88에서 주의 구원을 다시 한 번 더 간구하고 있다.

2) 시편 119:88에서 '나를 살아나게 하소서'라고 한다. 활력이 넘치게 해 달라고 한다. 생명을 연장시켜 달라고 한다. 그것도 '주의 인자하심을 따라' 구원해 달라고 한다.

3) 주의 종의 영혼은 겨우 목숨만 부지하고 있다. 죽은 자와 차이는 생명의 있음과 없음의 차이일 정도로 극도로 쇠약해져 있다. 한마디로 중환자실에 있는 식물인간이다. 숨만 쉬고 있다. 겨우 목숨만 붙어 있다.

4) 이러한 상황에서도 주의 종의 영혼은 주의 말씀에 대해서 어떻게 하고 있는가? 첫째, 나를 도우소서라고 한다(시 119:86). 둘째, 나는 버리지 아니하였사오니라고 한다(시 119:87). 셋째, 내가 지키리이다라고 한다(시 119:88).

1) 전반부의 마지막 연인 제11연은 '카프의 시'이다. 전반부를 종결하고, 후반부를 시작하는 중심부 역할을 하고 있다. 시편 119편 제1연과 제2연은 시편 119편 전체의 서론이다(시 119:1-16). 이 부분을 제외하고 나면, 제3연에서 '주의 종'(시 119:17, 23), 제4연에서 '나의 영혼'(시 119:25, 28)과 '여호와여'(시 119:31)가 이어지고 있다. 제5연에서 제9연까지는 다섯 번에 걸쳐서 '여호와여'라고 말씀하고 있다.

2) 그리고 제10연에서 '여호와여'(시 119:75)에서 '주의 종'(시 119:76)으로 전환되고 있다. 이어서 제11연에서 '나의 영혼'(시 119:81)이 다시 나온다. 제3연-제4연과 같이 제10연-제11연도 '주의 종' - '나의 영혼'으로 이루어져 있다. 이것을 구조적으로 보면 다음과 같다.

   A 제3연과 제4연은 '주의 종' - '나의 영혼'(-'여호와여')

    B 제5연에서 제9연은 '여호와여'(x5)

   A' 제10연과 제11연은 ('여호와여'-)'주의 종' - '나의 영혼'

3) 제11연의 '카프의 시'는 시편 119편 전체의 흐름에 있어서 중간 반환점을 이루고 있다. 제10연과 분위기가 완전히 다르게 제11연에서는 주의 종의 영혼은 지쳤고(시 119:81), 피곤해졌으며(시 119:82), 그의 인생은 연기에 그을린 가죽 부대처럼 되었다(시 119:83). 더욱이 이제는 얼마나 더 오래 살 수 있을런지도 모른다(시 119:84). 순교의 지경까지 가고 있다.

4) 그럼에도 불구하고 주의 종, 나의 영혼은 어떻게 하는가? 크게 두 가지로 말씀하고 있다. 첫째는 주의 말씀을 사모한다. 소망한다. 잊지 않는다. 주의 말씀은 주의 구원이기 때문이다. 둘째는 주의 인자에 호소한다. 주의 말씀에 근거하여 나를 도우소서, 버리지 않겠다고, 내가 지키겠다고 한다. 주의 말씀은 주의 인자하심이기 때문이다. 살아나게 되는 소생함이 있기 때문이다. 그래서 주의 종은 토라를 붙들고 살기로 결심하고, 다짐한다. 반드시 구원의 역사와 승리의 역사가 있기 때문이다.

여호와여, 주의 말씀이 영원하여 하늘에 굳게 섰으니
For ever, O Lord, thy word is settled in heaven.
시편 119:89

20

여호와여(I)

20

여호와여(I)

성경 : 시편 119 : 89 - 96

> **서론** 시편 119편은 크게 세 부분으로 나눌 수 있다. 첫째는
> 서문이다(시 119:1-16). 둘째는 본론이다(시 119:17-168).
> 셋째는 결문이다(시 119:169-176).

1) 본론(시 119:17-168)은 다시 두 부분으로 나눌 수 있다.

첫째 부분은 제3연에서 제11연이다(시 119:17-88)이다. 둘째 부분
은 제12연에서 제21연이다(시 119:89-168).

2) 시편 119편을 내용적인 면에서 크게 두 부분으로 나눌 수 있다.

하나는 시편 119:1-88(알렙에서 카프)이고, 다른 하나는 시편
119:89-176(라멧에서 타브)이다. 서로 평행이 되고 있음을 알 수 있
다. 이것을 구조적으로 보면 다음과 같다.

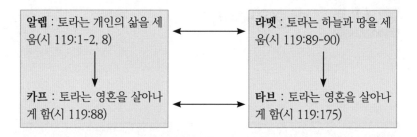

| 알렙 : 토라는 개인의 삶을 세움(시 119:1-2, 8) ↔ 라멧 : 토라는 하늘과 땅을 세움(시 119:89-90) |
| ↓ ↓ |
| 카프 : 토라는 영혼을 살아나게 함(시 119:88) ↔ 타브 : 토라는 영혼을 살아나게 함(시 119:175) |

제1부 토라를 향한 시인의 자세(시 119:1-88) : 토라 용어 88개, '내가 토라를 지키리이다'	제2부 토라의 속성과 역할(시 119:89-176) : 토라 용어 89개, '빛을 주는 의로운 토라'
알렙 : 토라를 행 하는 자	
뻬트 : 말씀을 마음에 두나이다	라멧 : 법도를 잊지 않겠다
끼멜 : 이끔과 조언자인 증거	맴 : 지혜를 주는 토라
딸렛 : 율례를 내게 가르치소서	눈 : 등불과 빛이 되는 말씀
헤 : 주의 길에서 살게 하소서	싸멕 : 내가 토라를 사랑한다
바브 : 토라를 지키리이다	아인 : 의로운 주님의 말씀
자인 : 내가 기억하나이다	페 : 빛을 주는 의로운 토라
헤트 : 율례를 내게 가르치소서	짜데 : 의로운 주님의 토라
테트 : 은금보다 나은 주의 토라	코프 : 내가 말씀을 묵상합니다
요드 : 마음을 완전하게 하소서	레쉬 : 말씀의 기초는 진리
카프 : 증거를 지키는 자	신, 쉰 : 큰 평안을 주는 토라
	타브 : 계명을 잊지 않았습니다

3) 시편 119편의 후반부는 제12연(시 119:89-96) '라멧의 시'에서 시작한다.

제12연에서 주의 말씀이 하늘에 서 있으며, 주께서 땅을 굳게 세우심으로 만물이 주의 종이 되는 것으로 시작하여(시 119:89-91), 제22연에서 주의 계명을 잊지 않고 있는 주의 종을 찾아 영혼을 살게 해달라는 것으로 마치고 있다(시 119:175-176). 창조의 하나님(제12 연, 라멧의 연)께서 길 잃은 양같이 헤매는 시편 기자를 찾아달라는 간구로 마치고 있다(제22연, 타브의 연).

4) 제12연은 제11연과 밀접하게 연결되어 있다.

제11연에서 응답받지 못한 채 삶의 불확실성 가운데 있던 시편 기 자, 주의 종은 이제 확실함에 이르게 된다. 주의 종은 무제한, 무한 대, 도무지 자신의 힘으로는 불가능한 미지의 핍박과 고통 가운데 있었다. 그럼에도 불구하고 여전히 주의 종은 주의 말씀에 소망을 두고 주의 말씀을 지키겠다고 다짐을 했다. 그 이유는 주의 말씀이 주의 구원으로 소망하기 때문이며, 또한 주의 말씀이 주의 인자로 소생하기 때문이라는 것이다. 이제 제12연에서 보다 더 확실함에 이르게 하고 있다. '여호와여'라고 하면서 보다 더 분명함에 근거하 여 간구하고 있다.

1. 주의 말씀의 영원성과 완전성(성실성)이다.

1) 시편 119:89을 '영원히' 즉 '레올람'(לְעוֹלָם)으로 시작하고 있다. 물 론 두 운을 맞추기 위해서 그렇게 한 것이다. 그러나 동시에 이 단 어가 초두에 나오는 것은 강조의 의미도 함께 가지고 있다. 우리 말 개역개정은 부사구로 번역을 하고 있다. 이것을 다시 번역하면

"여호와여 당신의 말씀은 영원하다. 그것은 하늘에 굳게 서 있다" 라고 할 수 있다.

2) 주의 말씀은 이 세상에서 결코 찾아 볼 수 없는 영원함과 불변함을 가지고 있음을 말씀하고 있다. 또한 '하늘'이라는 말씀을 통해 주의 말씀의 초월성과 궁극성을 암시하기도 한다. 인간의 삶과 관련해 또는 그것을 통하여 생겨나거나 의미를 부여 받는 이 땅의 원리나 약속과는 차원을 달리 하고 있다.

3) 시편 119:90에서 주의 성실하심이 대대에 이른다고 한다. 이제 주께서 땅을 세우셨으므로 땅이 항상 있다고 한다. 시편 119:89에서 '하늘'을 통해서 주의 말씀의 초월성과 불변성과 영원성을 강조했다면, 이제 시편 119:90에서 '땅'을 통해서 주의 말씀과 주의 신실하심의 영원함을 강조하고 있다.

4) 시편 119:91에서 우리말 개역개정은 주어가 '천지가'로 되어 있으나, 원문은 '그 날' 즉 '오늘이'를 주어로 생각할 수 있다. 지금 현재까지 오늘이 존재하는 것은 주의 말씀 때문이라는 것이다. 주의 말씀의 권능과 능력을 암시하고 있다. 그러면서 시편 119:92에서 주의 말씀이 나의 즐거움이라고 한다(시 119:24). 시편 119:93에서는 시편 119:89과 같이 '영원히' 즉 '레올람'으로 시작하고 있다. 시편 119:89에서는 주의 말씀의 영원성을 강조하고 있다. 그러나 시편 119:93에서는 영원하신 주의 말씀을 대하는 시편 기자, 주의 종의 태도 역시 당연히 '영원한' 것이 되어야 함을 강조하고 있다. 주의 말씀을 영원히 잊지 않겠다는 것이다.

2. 주의 말씀의 원대함과 무한함(광대함)이다.

1) 시편 119:96에서 시편 기자, 주의 종은 내가 보았다는 것이다. 확실히 깨달았다는 것이다. 똑똑히 목도하였다는 것이다. 그래서 확실하게 입증할 수 있다는 것이다. 모든 완전한 것이 다 끝이 있다는 것이다. 이 세상에 존재하는 것들은 완전해 보인다 해도 그 모든 것은 하나의 예외도 없이 모두 한계가 있다는 것이다. 하지만 주의 말씀은 한계가 없다는 것이다. 심히 넓다는 것이다.

2) 여기 '심히'는 '메오드'(מְאֹד)로 히브리어의 최상급 표현이다. 이 표현은 시편 119:8에서는 '아주'라는 말씀으로 번역되어 있다. 제1연의 끝과 제12연의 끝이 모두 동일하게 '메오드'(מְאֹד)로 끝을 맺고 있다. 그러면서 시편 기자는 제12연을 '레올람' 즉 시간적 영원성으로 시작하여, 공간적으로 '넓으니이다'에 해당하는 '레하바'로 끝을 맺고 있다. '레하바'는 인간이 능히 다 파악할 수 없는 무한함, 광대함, 원대함을 의미하고 있다.

3) 그래서 시편 기자는 주의 말씀이 '나의 즐거움'이라고 했다(시 119:92). 그리고 주의 말씀을 '영원히 잊지 않겠다'고 했다(시 119:93). 그것은 바로 '주께서 이것들로 나를 살게 하셨기 때문'이라고 했다(시 119:93). 따라서 이제 시편 기자는 시편 119:94에서 자신이 처한 고난의 정황으로부터 '나를 구원하소서'라고 한다. 구원의 근거는 나는 주의 것이라는 것이다. 당신의 소유된 존재이기 때문이라는 것이다.

4) 그래서 시편 기자는 어린아이와 같이 매우 직설적이고 단순하게 구원을 호소하고 있다. 그 이유는 첫째, 내가 주의 말씀만 찾았다는 것이다(시 119:94). 둘째, 내가 주의 말씀만 생각하겠다는 것이다(시 119:95).

결론 시편 119편은 성경에서 가장 긴 장이다. 뿐만 아니라, 히브리어 알파벳 시이다. 그리고 한 편의 드라마이다. 크게 두 부분으로 나눌 수 있다. 전반부는 제1연에서 11연까지이다. 주로 토라의 선물을 중심으로 말씀하고 있다. 그 토라에 대한 주의 종의 자세와 다짐을 강조하고 있다. 이어서 후반부는 제12연에서 22연까지이다. 주로 토라의 속성을 중심으로 말씀하고 있다. 그 토라의 속성과 역할을 강조하고 있다. 이것을 구조적으로 보면 다음과 같다.

시편 119:1-88 (제1연에서 제11연)	시편 119:89-176 (제12연에서 제22연)
토라의 선물 – 주의 종의 자세와 다짐	토라의 속성 – 토라의 속성과 그 역할

---

1) 후반부를 시작하는 제12연(시 119:89-96)은 '라멧의 시'이다. 제12연은 제11연과 분위기가 완전히 다르다. 제11연에서 시편 기자, 주의 종은 완전히 음부의 웅덩이 속에 빠져 있었다. 거의 멸망하는 지경에 있었다. 그것은 주의 법을 따르지 않는 교만한 자들이 아무 이유 없이 핍박했기 때문이다. 그런데 언제 주께서 안위하실

지, 주의 심판이 교만한 자들에게 언제 임할지 전혀 알 수 없는 상황 속에 있었다. '그럼에도 불구하고' 시편 기자, 주의 종은 주의 말씀을 바라고 있다. 소망으로 삼고 있다. 뿐만 아니라, 주의 말씀을 잊지 않고, 버리지 않고, 소중히 여기면서 지키고 있다. 왜 그런가? 주의 말씀은 주의 구원이기 때문이다. 또한 주의 말씀은 주의 인자이기 때문이다. 그래서 소망이며, 소생이 된다고 했다.

2) 이제 제12연은 이러한 주의 말씀의 영원성을 강조하고 있다. 주의 말씀은 영원히 하늘에 굳게 섰으며, 주께서 땅을 세우셨으므로 땅이 항상 있다고 한다. 천지를 창조하신 하나님이 영원히 계심과 같이 주의 말씀도 영원히 있다는 것이다. 오늘까지 있다는 것이다. 마치 만물이 주의 종인 것과 같이 시편 기자 자신은 주의 종으로 주의 말씀의 종이라는 것이다. 그래서 시편 기자는 주의 말씀을 영원히 잊지 않겠다는 것이다. 그 이유는 주의 말씀이 나의 즐거움이 되지 않았다면 내가 고난 중에 멸망하였다는 것이다. 고난 중에 멸망하지 않고 살아날 수 있었던 것은 영원한 주의 말씀이 나의 즐거움이 되었기 때문이라는 것이다. 이렇게 주의 말씀의 영원성을 강조하고 있다.

3) 그러나 제12연은 주의 말씀의 영원성을 강조할 뿐만 아니라, 또한 주의 말씀의 원대함을 강조하고 있다. 모든 완전한 것이 다 한계가 있고, 제한이 있지만, 주의 말씀은 심히 넓다는 것이다. 무제한, 무한계라는 것이다. 모든 영역을 다 포괄하고, 다 포함하고 있다는 것이다. 그래서 악인들이 아무리 시편 기자를 멸하려고 엿보고 있

지만, 그럼에도 불구하고 시편 기자는 주의 말씀을 생각하고, 주의 말씀만 찾는다는 것이다. 그 이유는 나는 주의 것이기 때문이라는 것이다. 주의 것이기 때문에 나를 구원하신다는 것이다. 제11연이 '그럼에도 불구하고'를 강조한다면, 제12연은 '오직' 주의 말씀만 강조하고 있다.

내가 주의 법을 한없이 사랑하여 그것을 하루 종일 묵상합니다.

O how I love thy law! it is my meditation all the day.

시편 119:97

21

나의 명철함

21 나의 명철함

성경 : 시편 119 : 97 – 104

> **서론** 시편 119:97-104은 제13연이다. '멤의 시'이다. 매 절이 히브리어 단어 '멤'으로 이루어져 있다. 이러한 제13연은 후반부를 시작하는 제12연과 밀접하게 연결되어 있다.

1) 제12연은 토라의 속성을 크게 두 가지로 말씀하고 있다.

하나는 주의 말씀의 영원성을 말씀하고 있다. 다른 하나는 주의 말씀의 원대함을 말씀하고 있다. 그래서 시편 기자인 주의 종은 오직 주의 말씀만 찾겠다고 하고, 또 오직 주의 말씀만 생각하겠다고 했다.

2) 제13연은 무엇을 말씀하고 있는가?

주의 말씀만 찾고, 주의 말씀만 생각한 그 결과에 대해서 말씀하고 있다. 한마디로 주의 말씀을 통한 '나의 명철함'을 강조한다. '나의 명철함'이라는 말씀이 시편 119:99, 100, 104에서 세 번 기록되어 있다.

3) 주의 말씀은 '나의 명철함'이다.

주의 말씀은 지혜의 원천이다(시 119:98). 주의 말씀은 나의 이해를 소유하는 것이다(시 119:100, 104). '나의 명철함'이 되신 주의 말씀이다. 지혜의 원천이 되신 주의 말씀이다. '나의 명철'의 근원이 바로 주의 말씀이라는 사실이다.

1. 어찌 그리 사랑하는지요. 사랑함이다.

1) 이제 제13연 시편 119:97을 시작하면서 주의 말씀에 대한 사랑의 고백을 말씀하고 있다. 주의 말씀에 대한 시편 기자, 주의 종의 태도는 '아하브티'(אהבתי)이다. '내가…사랑하는지요'라고 한다.

2) 여기서 수사 의문문을 이끄는 '어찌 그리'는 능히 표현할 수 없을 정도의 과도함 혹은 탁월함을 의미하고 있다. 앞서 시편 기자는 이 땅의 물질과의 비교를 통하여 주의 말씀에 대한 절대적 사랑을 표현하기도 했다(시 119:72). 이제 그러한 표현에서 더 나아가 더욱 강조적으로 자신 스스로 측량할 수 없을 정도로 능히 알 수도, 표현할 수도 없을 정도로 주의 말씀에 대한 사랑을 지니고 있음을 나타내고 있다.

3) 이러한 주의 말씀에 대한 사랑을 시편 기자는 크게 세 가지로 말씀하고 있다. 첫째, 묵상이다(시 119:97). 둘째, 함께함이다(시 119:98). 셋째, 준행이다(시 119:100). 그럼 왜 주의 말씀을 사랑하는 표현을 묵상함으로, 함께함으로, 준행함으로 나타내고 있는가? '나의 명철함' 즉 지혜의 원천이 바로 주의 말씀에서 나오기 때문이다.

4) 시편 기자는 '주의 말씀을 통한 명철'을 어느 정도라고 하는가? 첫째, 원수보다 지혜롭게 한다(시 119:98). 둘째, 스승보다 낫다고 한다(시 119:99). 셋째, 노인보다 낫다고 한다(시 119:100).

2. 어찌 그리 단지요. 달콤함이다.

1) 시편 119:97에서 "내가 주의 법을 어찌 그리 사랑하는지요"라고 하면서 수사 의문문을 통해서 시편 기자 자신이 '주의 말씀을 사랑함'을 고백했다. 이제 시편 119:103에서 '주의 말씀의 맛이 내게 어찌 그리 단지요'라고 한다. 역시 수사 의문문을 통해서 시편 기자에게 '주의 말씀의 맛이 달'고 한다. 나의 입에, 나의 입맛에 달다는 것이다. 나의 입에 꿀과 같이 달다는 것이다. '주의 말씀의 달콤함'을 강조한다.

2) 그것은 바로 사랑하기에 주의 말씀은 꿀처럼 달콤하며, 달콤한 기쁨과 즐거움을 가져다 주기에 주의 말씀을 사랑할 수밖에 없다는 것이다 '주의 말씀의 맛'을 '내 입의 꿀'과 서로 비교하고 있다. 한마디로 주의 말씀이 꿀보다 더 달다고 한다(시 19:10). 아무 불순물도 섞이지 않은 순수한 꿀보다 주의 말씀의 맛이 더 달다고 한다.

3) 이렇게 '주의 말씀을 통해서 명철하게 된 자'는 꿀보다 단 주의 말씀을 맛 보고 이제 의로운 삶을 살기로 결단하고 있다. 그래서 시편 기자는 세 가지로 말씀하고 있다. 첫째, 내가 주의 말씀을 지키

려고 발을 금하였다고 한다(시 119:101). 둘째, 내가 주의 말씀을 떠나지 아니하였다고 한다(시 119:102). 셋째, 내가 모든 거짓 행위를 미워한다고 한다(시 119:104).

> **결론** 시편 119편은 크게 두 부분으로 나눌 수 있다. 전반부는 제 1연에서 제11연이다(시 119:1-88). 토라의 선물을 중심으로 말씀하고 있다. 이어서 후반부는 제12연에서 제22연이다 (시 119:89-176). 토라의 속성을 중심으로 말씀하고 있다.

1) 후반부를 시작하는 '라멧의 시'의 제12연(시 119:89-96)은 크게 두 가지를 말씀하고 있다. 하나는 주의 말씀의 영원성이다. 다른 하나는 주의 말씀의 원대함이다.

2) 제13연은 '멤의 시'이다. 제12연과 밀접하게 연결되어 있다. 제12 연의 신학을 기초로 하고 있다. 주의 말씀은 세계의 기초가 되고 있다. 시편 기자는 제13연이 시작되는 시편 119:97에서 주의 말씀을 사랑한다고 하고, 제13연이 끝나는 시편 119:104에서 모든 거짓된 길을 미워한다고 하여, '멤' 연의 시작과 끝이 대칭을 이루고 있다. 따라서 일생을 주의 말씀을 묵상하고, 함께하고, 순종할 때 한없는 명철과 지혜를 얻을 수 있다. 뿐만 아니라, 주의 말씀을 실천하고, 지키고, 준행할 때 무한한 명철과 지혜를 얻게 되는 것이다.

3) 이러한 제13연은 주제별로 크게 두 부분으로 나눌 수 있다. 첫번째 주제는 주의 말씀에 관한 내용으로 두 가지이다. 하나는 주의 말씀

을 사랑함이다. 또 다른 하나는 주의 말씀의 달콤함이다. 두 번째 주제는 주의 말씀에 대한 시편 기자의 태도이다. 주의 말씀을 묵상하고, 함께하고, 준행한다는 것이다. 그것은 주의 말씀이 원수보다 지혜롭게 하고, 스승보다 더 명철하게 하고, 노인보다 명철하게 하기 때문이라는 것이다.

4) 제13연에서 말하는 명철과 지혜의 근원이 바로 주의 말씀이다. 토라는 하나님의 지혜의 표현이다. 나의 명철이다. 이것을 크게 두 부분으로 나누면 다음과 같다.

첫째, 시편 119:97-100이다. 지혜를 주는 토라(주의 말씀)이다.

A 시 119:97 주의 말씀을 사랑함

　B 시 119:98 원수보다 지혜롭게

　　X 시 119:99 모든 스승보다 명철하게

　B' 시 119:100a 노인보다 명철하게

A' 시 119:100b 주의 말씀을 준행함

둘째, 시 119:101-104이다. 악한 길을 멀리 하는 주의 종(시편 기자)이다.

A 시 119:101a 모든 악한 길을 끊음

　B 시 119:101b 주의 말씀을 지키기 위해

　　C 시 119:102a 주의 규례에서 떠나지 않음

　　　X 시 119:102b 주께서 가르쳤기 때문에

　　C' 시 119:103 꿀보다 더 단 주의 말씀

　B' 시 119:104a 주의 말씀으로 명철하게 되므로

　A' 시 119:104b 모든 거짓된 길을 미워함

주의 말씀은 나를 안내하는 등불이며 내 길을 비춰 주는 빛입니다.

Thy word is a lamp unto my feet, and a light unto my path.

시편 119:105

22

여호와여(II)

22 여호와여(II)

성경 : 시편 119 : 105 - 112

서론 시편 119:105-112은 제14연이다. '눈의 시'이다. 매 절이 히브리어 단어 '눈'으로 이루어져 있다. 이러한 제14연은 제13연의 '멤의 시'와 밀접하게 연결되어 있다. 또한 제12연의 '라멧의 시'와도 밀접하게 연결되어 있다.

1) 후반부의 시작인 제12연 '라멧의 시'에서 '여호와여'(I)라고 하면서 토라의 속성을 크게 두 가지로 말씀했다.

하나는 주의 말씀의 영원성에 대해서 말씀했다. 다른 하나는 주의 말씀의 원대함에 대해서 말씀했다.

2) 이어서 제13연 '멤의 시'에서는 그와 같은 주의 말씀이 '나의 명철함' '지혜의 원천'이라는 것이다.

주의 종은 이러한 주의 말씀에 대해서크게 두 가지로 말씀하고 있다. 하나는 주의 말씀을 어찌 그리 사랑하는지요라고 한다. 사랑함에 대해서 말씀하고 있다. 다른 하나는 주의 말씀이 어찌 그리 단지요라고 한다. 달콤함에 대해서 말씀하고 있다.

3) 그리고 제14연 '눈의 시'이다.

제12연을 시작하면서 시편 119:89에서 '여호와여'라고 했다. 이제 다시 제14연에서 후반부 들어 두 번째로 '여호와여'라고 한다. 시편 119:107과 시편 119:108에서 두 번이나 강조하고 있다.

1. 나의 고난이 매우 심하오니라고 한다.

1) 시편 119:107에서 시편 기자, 주의 종은 여호와여, 나의 고난이 막심하다고 한다. 매우 심하다고 한다. 아주 극심한 고난 가운데 있음을 말씀하고 있다. 그것도 히브리어 최상급을 표현하는 '아드 메오드'를 사용하고 있다. 그래서 시편 기자는 '여호와여 주의 말씀대로 나를 살아나게 하소서'라고 한다.

2) 시편 119:108에서 시편 기자, 주의 종은 다시 한 번 '여호와여'라고 간구하고 있다. 그러면서 '내 입이 드리는 자원제물을 받으시고'라고 한다. 낙헌제물이다. 내 입의 낙헌제를 받으시고, '주의 공의' '주의 규례', '주의 말씀'으로 나를 가르치소서라고 한다. 주의 공의로운 말씀을 배우려는 간절함을 함축하고 있다.

3) 고난이 매우 극심한 상황 가운데 '여호와여' 나를 살려주시고 가르쳐 달라고 간구하는 탄원은 무엇 때문인가? 시편 119:105에서 '주의 말씀은 내 발에 등이요 내 길에 빛이니이다'라고 한다. 제13연에서 어찌 그리 사랑하는지요라고 하면서 사랑함과 어찌 그리 단

지요라고 하면서 달콤함을 강조했다면, 이제는 주의 말씀이 등이 요 빛이라는 것이다.

4) 그래서 시편 기자, 주의 종은 시편 119:106에서 '주의 의로운 규 례' 즉 의로운 공의의 말씀을 지키기로 맹세하고 굳게 정했다는 것 이다. 그리고 시편 119:108에서는 주의 공의를 내게 가르치소서 라고 한다. 그래서 표준 새번역은 '나는 맹세하고 또 다짐한다.'라 고 한다. 주의 말씀에 대한 확고한 의지를 드러내고 있다.

2. 나의 생명이 항상 위기에 있다고 한다.

1) 이렇게 시편 기자, 주의 종은 주의 말씀을 지키기로 맹세하고, 굳 게 정했지만, 나의 고난이 매우 심하다고 했다. 그래서 '여호와여' 라고 하면서 나를 살아나게 하소서, 나를 가르치소서라고 간구했 다. 이러한 간구에도 시편 119:109에서 여전히 극심한 고난 가운 데 있음을 말씀하고 있다. 절대절명의 위기이다.

2) 시편 119:110은 시편 119:109과 병행을 이루면서 악인들이 시편 기자, 주의 종을 해하려고 올무를 놓았다는 것이다. 다수의 악인들 이 해하려고 의도적으로 시편 기자, 주의 종 한 사람을 집중적으로 공격함으로 생겨난 고난이다.

3) 그럼에도 불구하고 시편 기자, 주의 종은 무엇이라고 고백하는가? 첫째, 나는 주의 법을 잊지 아니하나이다라고 한다(시 119:109). 둘

째, 나는 주의 법도들에서 떠나지 아니하였다고 한다(시 119:110). 셋째, 나의 기업을 삼았다고 한다(시 119:111). 그것이 '내 마음의 즐거움이 되기 때문'이라는 것이다.

4) 그래서 시편 119:12에서 '내가 내 마음을 기울였다'고 한다. 내 마음과 몸과 정성을 다하여 주의를 기울였다는 것이다. 심혈을 기울였다는 것이다. 정성을 다 쏟아 부었다는 것이다. 주의 말씀이 나의 영원한 기업이요 나의 마음에 즐거움이 되기 때문이다. 그래서 그저 끝까지 행하려고 온 마음을 다하여 심혈을 기울였다는 것이다.

> **서론** 시편 119편은 전반부와 후반부로 나눌 수 있다. 후반부는 제12연부터 시작하고 있다. 시편 119:89부터 시작하고 있다. 후반부는 주의 말씀, 즉 토라의 속성을 말씀하고 있다.

1) 제12연에서는 두 가지 속성을 말씀했다. 하나는 주의 말씀의 영원성이고, 다른 하나는 주의 말씀의 원대함이다. 그러면서 접속사 '키'가 세 번 나오고 있다. 첫 번째는 시편 119:91에서 '만물이 주의 종이기 때문이라'는 것이다. 두 번째는 시편 119:93에서 '주께서 이것들로 나를 살게 하셨기 때문'이라는 것이다. 세 번째는 119:94에서 '내가 주의 법도들만을 찾았기 때문'이라는 것이다.

2) 제13연에서는 주의 말씀에 대한 시편 기자의 자세를 두 가지로 표현했다. 하나는 내가 주의 말씀을 '어찌 그리 사랑하는지요'이

고, 다른 하나는 주의 말씀이 내게 '어찌 그리 단지요'이다. 그러면서 접속사 '키'가 네 번 나오고 있다. 첫 번째는 시편 119:98에서 '이것이 나와 항상 함께하기 때문'이라는 것이다. 두 번째는 시편 119:99에서 '내가 주의 증거를 묵상하기 때문'이라는 것이다. 세 번째는 시편 119:100에서 '내가 주의 법도를 지키기 때문'이라는 것이다. 네 번째는 시편 119:102에서 '주께서 나를 가르치셨기 때문'이라는 것이다.

3) 제14연은 제13연과 제12연에서 계속해서 이어지고 있다. 제12연에서 '여호와여'라고 했는데, 제14연에서 두 번이나 반복하면서 '여호와여'라고 간절히 간구하고 있다. 그러면서 시편 기자, 주의 종의 상황, 형편을 두 가지로 말씀하고 있다. 하나는 나의 고난이 매우 심하오니라고 한다(시 119:107). 다른 하나는 나의 생명이 항상 위기에 있사오나라고 한다(시 119:109). 이러한 상황에서 시편 기자는 먼저 주의 말씀을 준행하기로 맹세하고 굳게 정하였다는 것이다. 또한 주의 말씀을 잊지 않고 떠나지 않겠다고 한다.

4) 이제 제14연은 그 근거, 원천이 무엇인지를 말씀하고 있다. 바로 시편 119:105을 시작하면서 '주의 말씀은 내 발에 등이요 내 길에 빛이나이다'라고 했다. 또한 시편 119:111에서 '이는 내 마음의 즐거움이 됨이니이다'라고 했다. 극심한 고난 가운데서 생명의 위기 가운데서 희락의 원천이 바로 주의 말씀이라는 것이다. 그래서 주의 말씀에 전부를 걸어야 한다는 것이다. 내 마음의 심혈을 기울여야 한다는 것이다.

나는 두 마음을 품는 자를 미워하고 주의 법을 사랑합니다.

I hate vain thoughts: but thy law do I love.

시편 119:113

23

나의 은신처

23 나의 은신처

성경 : 시편 119 : 113 – 120

서론 시편 119편은 크게 두 부분으로 나눌 수 있다. 하나는 제 1연에서 제11연이다. 전반부이다. 전반부는 토라의 선물에 대해서 말씀하고 있다. 다른 하나는 제12연에서 제22연이다. 후반부는 토라의 속성에 대해서 말씀하고 있다.

1) 제14연은 '눈의 시'이다. 제12연과 같이 다시 한 번 '여호와여'라고 두 번 반복하고 있다(시 119:107,108). 크게 두 가지로 간구 혹은 탄원하고 있다. 하나는 나의 고난이 매우 심하다고 한다.

그럼에도 불구하고 주의 말씀은 내 발의 등이요 내 길의 빛이기 때문에 주의 말씀을 준행하기로 맹세하고 굳게 정하였다는 것이다(긍정).

2) 또 다른 하나는 나의 생명이 항상 위기라고 한다.

그럼에도 불구하고 주의 말씀은 나의 영원한 기업이고, 내 마음의 즐거움이기 때문에 주의 말씀을 잊지 않고, 버리지 않겠다고 한다(부정). 그러면서 주의 말씀을 영원히 행하려고 내 마음을 기울였다고 한다.

3) 제15연은 '싸멕의 시'이다.

매 절이 히브리어 단어 알파벳 '싸멕'으로 이루어져 있다. 이러한 제15
연은 제14연과 밀접하게 연결되어 있다. 이제 제15연에서 또 하나를
말씀한다. 시편 119:114에서 '주는 나의 은신처요 방패시라'고 한다.

4) '은신처'와 '방패'라는 말씀을 통해 하나님의 은혜와 돌보심, 보
호하심을 강조하고 있다.

그러면서 '나의'라는 1인칭 접미어와 2인칭 대명사를 사용하여 하
나님과 시편 기자, 주의 종과의 아주 특별한 관계를 강조하고 있다.

1. 내가 두 마음을 품은 자들을 미워한다.

1) 시편 119:113에서 시편 기자, 주의 종은 내가 두 마음을 품는 자
들을 미워한다고 한다. 여기 '두 마음을 품는 자들'이란 허탄한
생각들, 구부러진 생각, 위선자들을 가리키는 말씀이다. 하지만
복수형으로 나뉘어진 마음이라는 의미도 함께 있다. 바로 시편
119:111과 112에서 시편 기자, 주의 종의 '내 마음'과 다른 '두 마
음'이다. 마음이 둘로 나뉘어져 한쪽으로는 주의 말씀을 신뢰하는
자들을 가리키고, 다른 한쪽으로는 세상의 우상이나 허탄한 것들
을 신뢰하는 자들을 가리키는 것이다(호 10:2, 약 1:8).

2) 이러한 두 마음을 품는 자들을 다시 다른 말로 시편 119:115에서

'너희 행악자들'이라고 한다. 단순히 도덕적, 윤리적 의미의 행악자들이라기 보다는 주의 말씀을 온전히 신뢰하지 않고, 준행하지 않는 자들이라는 의미이다(습 1:12). 교만한 자들(시 119:85)을 가리키며, 악인들(시 119:95,110)을 가리킨다고 할 수 있다.

3) 그래서 시편 기자, 주의 종은 '나를 떠나라'고 한다. 미워하는 것에서 한 걸음 더 나아가서 나로부터 떠나라고 한다. 그러면서 주를 은신처로, 방패로 삼은 시편 기자, 주의 종은 어떻다고 하는가? 두 마음을 품은 자들과 행악자들과 달리 자신은 어떻게 하고 있다고 하는가? 크게 세 가지로 말씀하고 있다. 첫째, 주의 말씀을 사랑한다는 것이다(시 119:113). 둘째, 주의 말씀을 바란다는 것이다(시 119:114). 셋째, 내가 주의 계명을 지킨다는 것이다(시 119:115).

2. 주의 말씀을 떠나는 자들을 다 멸하신다.

1) 시편 119:118에서 시편 기자, 주의 종은 주의 말씀을 사랑하는데, 반대로 주의 말씀을 떠나는 자에 대해서 말씀하고 있다. 주께서 주의 말씀을 떠나는 자에 대해서 어떻게 하시는지를 말씀하고 있다. '주께서 다 멸시하셨다'는 것이다. 주께서 철저히 심판하신다는 것이다.

2) 시편 119:118에서 '주께서 다 멸시하셨으니'라고 했다. 이제 다시 시편 119:119에서 '주께서 세상의 모든 악인들을 찌꺼기같이 버리신다'고 한다. 주께서 완전히 버리신다는 것이다. 제거하고, 멸

망시킨다는 것이다. 주께서 하신다는 것이다. 누구 하나 예외 없이 모든 악인들이라고 한다. 그 이유가 그들의 속임수는 허무함이기 때문이다.

3) 그래서 시편 기자, 주의 종은 무엇이라고 고백하고 다짐하는가? 첫째, 내가 두려워한다고 한다(시 119:120). 둘째, 내가 항상 주의하겠다고 한다(시 119:117). 셋째, 내가 사랑하겠다고 한다(시 119:119).

결론 시편 119편은 크게 두 부분으로 나눈다. 전반부는 시편 119:1-88이다. 후반부는 시편 119:89-176이다. 후반부를 시작하는 제12연부터 제15연까지는 하나의 구조를 이루고 있다. 그 구조를 보면 다음과 같다.

A 제12연(시 119:89-96) '여호와여'(1)
　B 제13연(시 119:97-104) '나의 명철함'
A' 제14연(시 119:105-112) '여호와여'(2)
　B' 제15연(시 119:113-120) '나의 은신처'

시편 119:89-104 (제12연과 제13연)	시편 119:105-120 (제14연과 제15연)
A 제12연(시 119:89-96) '여호와여'(1) B 제13연(시 119:97-104) '나의 명철함'	A' 제14연(시 119:105-112) '여호와여'(2) B' 제15연(시 119:113-120) '나의 은신처'

1) 후반부 시작인 제12연은 하늘과 땅, 만물이라는 말씀을 통해 창조 사건을 배경으로 주의 말씀의 속성을 크게 두 가지로 말씀했다. 하나는 영원함이고, 다른 하나는 원대함이다.

2) 제13연은 원수와 모든 악한 길, 꿀이라는 말씀을 통해 출애굽을 배경으로 주의 말씀에 대한 자세를 크게 두 가지로 말씀했다. 하나는 사랑함이고, 다른 하나는 달콤함이다.

3) 제14연은 등과 빛, 고난, 생명의 위기, 올무, 기업 등 이러한 말씀을 통해 광야 사건 즉 여행을 배경으로 주의 말씀에 대해 크게 두 가지로 말했다. 하나는 발의 등이요, 길의 빛이다. 다른 하나는 영원한 기업이요, 마음의 즐거움이라고 했다.

4) 제15연은 '싸멕의 시'이다. 광야 생활, 광야를 여행하는 중에서 두 종류의 인생을 보여주고 있다. 하나는 시편 기자, 주의 종, 이스라엘 백성들과 다른 하나는 행악자들 즉 원수들이다. 뿐만 아니라, 이스라엘 백성들 안에서도 두 종류의 인생이 있다. 하나는 두 마음을 품는 자들이다. 주의 말씀에서 떠나는 자들이다. 주의 심판을 받을 자들이다. 다른 하나는 시편 기자, 주의 종처럼 '주는 나의 은신처, 나의 방패'라고 고백하는 자들이다.

5) 그러니 시편 기자, 주의 종은 주와 주의 말씀을 사랑한다는 것이다. 주의 말씀은 주의 공의, 심판의 기준이 되기 때문이다. 우리도 주의 말씀을 사랑해야 한다.

내가 옳고 공정한 일을 행하였으니 나를 원수들의 손에 버려 두지 마소서.

I have done judgment and justice: leave me not to mine oppressors.

시편 119:121

24

주의 종(I)

주의 종(I)

성경 : 시편 119 : 121 – 128

서론 시편 119편 후반부를 시작하는 제12연부터 제15연까지 는 하나의 구조를 이루면서 이중적 구조를 이루고 있다.

1) 제15연 '싸멕의 시'에는 '주는 나의 은신처, 방패'라고 하면서, 광 야 생활, 광야 생활의 여행을 배경으로 말씀하고 있다.

가나안 정복의 준비를 위한 배경으로 말씀하고 있다. 한마디로 광 야의 이스라엘 백성들은 두 종류가 있었다. 하나는 불평하고, 원망 하고 악평하면서 부정적으로 가나안 땅에 들어갈 수 없다고 했다. 다른 하나는 믿음으로 긍정적으로 하나님이 우리와 함께하시면 능 히 들어갈 수 있다고 했다.

2) 이와 같이 두 종류의 인생을 말씀하고 있다.

하나는 두 마음을 품는 자들이 있다. 행악자들이 있다. 주의 말씀에 서 떠나는 자들이 있다. 주의 심판을 받을 자들이 있다. 하지만 다른 하나인 시편 기자, 주의 종은 '주는 나의 은신처, 나의 방패'라고 한 다. 그들과 달리 구별되면서 주의 말씀을 사랑한다는 것이다. 소망 한다는 것이다. 준행하겠다는 것이다.

3) 그 이유는 바로 주께서, 주의 말씀, 주의 공의로 심판하시기 때문이다.

주의 말씀을 떠나는 자를 주께서 다 멸시하시기 때문이다. 주께서 세상의 모든 악인들을 찌꺼기같이 버리시기 때문이다. 그래서 주의 말씀을 사랑하고, 소망하고, 준행하겠다는 것이다. 뿐만 아니라, 항상 주의하고, 사랑하고, 두려워하겠다는 것이다. 주는 나의 은신처요, 나의 방패이기 때문이라는 것이다.

4) 제16연은 '아인의 시'이다.

히브리어 알파벳 16번째 '아인'이라는 단어가 매 절마다 기록되어 있다. 그러면서 제16연에서 중요한 중심 단어가 '주의 종'이라는 말이다(시 119:122, 124, 125). 시편 기자는 자신을 다시 한 번 '주의 종'이라고 한다. 전반부에서 '주의 종'이라고 했다(시 119:17, 23, 38, 49, 65, 76, 84). 그리고 후반부에서 '주의 종'이라고 한다(시 119:91, 122, 124, 125, 135, 140, 176). 특별히 '나는 주의 종이오니'라고 한다. 시편기자, 주의 종의 정체성을 아주 분명하게 하고 있다.

5) 그럼 주의 종은 누구인가? 크게 세 가지로 말할 수 있다.

첫째, 주의 종이란 하나님이 주인이라는 뜻이다. 둘째, 주의 종이란 하나님의 뜻에 순종한다는 뜻이다. 셋째, 주의 종이란 하나님의 말씀에 복종한다는 뜻이다.

1. 주의 종을 보증하사 복을 얻게 하소서.

1) 시편 119:122에서 시편 기자, 주의 종은 주의 종을 보증하사 복을 얻게 해 달라고 간구하고 있다. 여기 보증이란 어떤 피해를 입을지라도 꼭 책임을 져야 하는 법적인 의무를 말한다. 이것은 인격을 걸고 보장함을 말한다. 그러면서 '주의 종'이라는 것이다. 자신이 하나님의 소유임과 하나님의 뜻에 복종하는 자임을 밝히면서, 하나님이 보증해 달라는 것이다. 책임져 달라는 것이다. 그리고 복을 얻게 해 달라는 것이다. 복이 '토브'이다.

2) 시편 119:124에서 주의 종을 보증하사 복을 얻도록 주의 인자하심대로 주의 종에게 행해 달라는 것이다. 보장과 복락의 근거가 바로 '주의 인자하심'이다. '헤세드'(חסד)이다(시 119:124). '주의 인자하심대로 주의 종에게 행하사'라고 한다. 시편 119:121과 시편 119:124에서 '행하사'가 동일하게 반복되고 있다.

3) 그렇기 위해서 주의 종은 어떻게 행했다고 하는가? 크게 세 가지로 말씀하고 있다. 첫째, 내가 행했다는 것이다. 정의와 공의이다 (시 119:121) 둘째, 내가 피곤하다는 것이다. 눈이 피곤할 정도로 사모했다(시 119:123). 셋째, 내게 가르치소서라고 한다. 배우기를 간절히 원했다(시 119:124).

2. 나는 주의 종이오니 나로 깨닫게 하소서.

1) 시편 119:122에서도 '주의 종'이라고 했다. 이어서 시편 119:124
   에서도 '주의 종'이라고 했다. 그러면서 이제 시편 119:125에서는
   '나는 주의 종이라'(עַבְדְּךָ אָנִי)고 한다. 자신이 주의 종이 됨을 다시
   한 번 강조하고 있다. 그것도 1인칭 대명사 '아니'(אָנִי)를 사용하여
   나는 '주의 종'이라는 사실을 강조하고 있다.

2) 시편 119:124에서는 '내게 가르치소서'라고 했다. 이제는 시편
   119:125에서 '깨닫게 하사, 알게 하소서'라고 한다. 단순히 배움
   에 그치는 것이 아니라, 깨닫게 해 달라는 것이다. 여기 깨닫다는
   것은 단순히 지적으로 깨닫는 것만 아니라, 그것을 올바르게 분별
   하여 삶으로 준행하는 것까지를 다 포함하고 있다.

3) 그 근거가 바로 시편 119:126에서 '지금 여호와께서 일하실 때이
   다'라는 것이다. 그들이 주의 법을 폐하였기 때문이다. 악이 극에
   달한 상황이다. 그야말로 회개의 여지조차 없는 상황이다. 그 악을
   갚아 주시는 그 때가 바로 여호와 하나님께서 일하실 때이다.

4) 하지만 하나님은 침묵하신다. 아무런 역사도 응답도 없다. 그렇지
   만 주의 종은 어떻게 하겠다고 하는가? 첫째, 내가 사랑한다고 한
   다(시 119:127). 둘째, 내가 바르게 여긴다고 한다(시 119:128). 셋
   째, 내가 거짓 행위를 미워한다(시 119:128).

제16연은 '아인의 시'이다. '아인의 시'에는 '주의 종'이
라는 말씀이 세 번이나 기록되어 있다(시 119:122, 124,
125). 시편 기자는 자신을 철저히 주의 종이라고 밝히고
있다.

1) 제16연은 제15연과 밀접하게 연결되어 있다. 제15연의 '싸멕의
   시'에서는 시편 119:113에서 '두 마음을 품는 자들을 미워하고'라
   고 시작하고, 시편 119:120에서 '내 육체가 떨며 주의 심판을 두
   려워한다'라고 끝을 맺고 있다. 제15연의 배경은 마치 광야 여행
   중에 있는 이스라엘 백성들의 모습과 같다고 했다. 가나안 정복을
   위해서 준비하는 이스라엘 백성들의 모습과 같다고 했다.

2) 제16연 '아인의 시'에서 주의 종은 시편 119:121에서 '정의와 공
   의를 행하였다'는 것으로 시작하고 있다. 그리고 시편 119:128에
   서 '모든 거짓 행위를 미워한다'는 것으로 끝을 맺고 있다. 지금 주
   의 종의 상황, 형편이 어떠한가? 여전히 악인들, 행악자들, 교만한
   자들이 주의 종을 박해하고 있다(시 119:107, 109, 110, 113, 122).

3) 그것도 주의 종은 주의 구원과 주의 의로운 말씀을 사모하기에 눈
   이 피곤할 정도로 말씀을 간절히 사모하고 있다. 온 열정을 다해
   사랑하고 있다. 금 곧 순금보다 더 사랑하고 있다. 이 정도가 되면
   고난과 박해도 사라져야 하지 않는가? 그럼에도 여전히 고난과 박
   해가 있다. 아니 이제는 여호와 하나님이 일하실 때가 되었다. 그

럼에도 불구하고 하나님의 일하심은 보이지 않는다. 그저 하나님은 침묵하고 있다.

4) 그럼에도 주의 종은 어떻게 하는가? 첫째, 주의 종은 모든 원수를 하나님의 손에 맡겨야 한다는 것이다. 둘째, 주의 종은 자신의 정체성을 확신하고 주의 종답게 살아야 한다. 이러한 제16연의 '아인의 시'는 가나안 정복과 밀접한 연관성을 가지고 있다.

주의 교훈이 훌륭하므로 내가 마음을 다해 이것을 지킵니다.
Thy testimonies are wonderful: therefore doth my soul keep them.
시편 119:129

25

나의 발걸음

성경의 중앙

25 나의 발걸음

성경 : 시편 119 : 129 - 136

> **서론** 시편 119편은 크게 두 부분으로 나눈다. 전반부와 후반부이다. 후반부는 제12연부터 시작하고 있다. 제12연부터 제15연까지는 하나의 구조를 이루면서 이중적 구조로 되어 있다.

1) 제16연은 '아인의 시'로 가나안 정복과 밀접한 연관성을 가지고 있다.

그러면서 '주의 종'에 대해서 세 번이나 말씀하면서 강조하고 있다 (시 119:122, 124, 125). 첫째, 주의 종은 주인이 책임져 주시는 자이다. 주인에게 모든 것을 맡기는 자이다. '주의 종을 보증하사 복을 얻게 하소서'라고 한다. 둘째, 주의 종은 자신의 정체성을 확신하는 자이다. 주의 말씀대로 살아가는 자이다. '나는 주의 종이오니 나를 깨닫게 하소서'라고 한다. '그러므로'라는 말씀과 같이 주의 종답게 살아가는 자이다.

2) 제17연은 '페의 시'이다.

히브리어 알파벳의 '페'라는 단어가 매 절마다 있다. 이러한 제17연은 제16연과 밀접하게 연결되어 있다. 제17연의 중심은 바로 시편 119:133의 "나의 발걸음을 주의 말씀에 굳게 세우시고"라는 말씀이다. '나의 발걸음'이다. '주의 종'의 발걸음이다. 주의 종의 행보이다. 인생길이다. 가나안을 향해 걸어가는 인생의 여정이다. 여기에 '주의 말씀을 굳게 세우시고'라고 한다. 주의 말씀에 고정하고, 확실하게 하고 걸어가겠다고 한다. 주의 말씀에 기초한 온전한 삶을 살아가기를 바라고 있다.

1. 주의 말씀의 놀라움이다.

1) 시편 119:129을 시작하면서 '주의 증거들이 놀랍다'는 것이다. 기이하다는 것이다(출 15:11, 시 78:12, 사 9:6). 시편 119:130에서 '주의 말씀을 열면'이라고 한다. 주의 말씀이 열려야 가능하다.

2) 그것도 내 힘과 능력으로 열어지는 것이 아니다. 주께서 주의 말씀의 문을 열어 주셔야 한다. 성령의 조명으로 열어 주셔야 한다.

3) 주의 말씀들의 문이 열리면 반드시 빛을 준다는 것이다. 비치게 된다는 것이다. 우둔한 자에게 명철을 준다는 것이다. 그래서 시편 기자, 주의 종은 놀라운 주의 말씀에 대해 크게 세 가지로 말씀한다. 첫째, 내가 지킨다고 한다(시 119:129). 둘째, 내가 사모한다고 한다(시 119:131). 셋째, 내게 은혜를 베푸소서라고 한다(시 119:132).

2. 주의 얼굴을 비추소서이다.

1) 시편 119:132에서 '내게 은혜를 베푸소서'라고 했다. 이제 시편 119:133은 그 연장선상에서 자신의 행보를 주의 말씀에 굳게 세워주실 것을 간구하고 있다.

2) 시편 119:130에서는 '주의 말씀을 열면 빛이 비치어'라고 했다. 주께서 주의 말씀을 열어 주시면 빛이 비친다는 것이다. 그러나 이제 시편 119:135에서 누구에게 비추어져야 하는지를 말씀하고 있다. '주의 얼굴을 주의 종에게 비추시고'라고 한다(민 6:24-26).

3) 시편 119:136에서 시편 기자, 주의 종은 '내 눈에는 물의 강들이 흐르나이다'라고 한다. 비유법과 과장법을 동원하여 내 눈에 많은 눈물이 쏟아져 나오는 것을 말씀하고 있다(애 3:48). 이러한 표현은 큰 슬픔을 묘사하는 데 사용하고 있다.

4) 그럼 주의 종이 무엇 때문에 눈에 눈물이 흐르고 있는가? 그것은 바로 '그들이 주의 말씀을 지키지 아니하기' 때문이다. '그들' 때문이다. 그들은 시편 119:132의 '주의 이름을 사랑하는 자들'과 다른 그들이다. '주의 종'과 다른 그들이다. 시편 119:122에서의 '교만한 자들'이다. 주의 종을 박해하는 자들이다.

5) 이러한 사실을 통해 주의 종은 주의 말씀에 대해 어떻게 해 달라고 하는가? 첫째, 나를 주관치 못하게 하소서라고 한다(시 119:133). 둘째, 나를 구속하소서라고 한다(시 119:134). 셋째, 나를 가르치소

서라고 한다(시 119:135). 그래서 나의 발걸음을 주의 말씀에 굳게 세워달라는 것이다.

> **결론** 제17연은 '페의 시'이다. 제17연은 제16연, 제15연과 밀접하게 연결되어 있다.

1) 제15연에서 광야의 생활 가운데 두 종류의 인생을 말씀했다. 하나는 두 마음을 품은 자들이다. 행악자들이다. 주의 말씀을 떠나는 자들이다. 주의 심판을 받은 자들이다. 다른 하나는 주는 나의 은신처요 나의 방패시라고 하면서 주의 말씀을 사랑하는 자들이다. 행악자들과 달리 주를 두려워하며 떠는 자들이다. 주의 말씀을 사랑하고 믿고 의지하는 자들이다.

2) 제15연과 같이 제17연에서도 두 종류의 인생이 있다. 하나는 주의 법을 지키지 않는 자들이 있다(시 119:136). 다른 하나는 '주의 이름을 사랑하는 자들'이다(시 119:132). 주의 종이다. 주의 말씀의 권위를 인정하고, 주의 말씀을 붙들고 사는 자들이다(시 119:133).

3) 제16연에서 '주의 종'을 말씀하고 있다. 그것도 세 번 반복하고 있다(시 119:122, 124, 125). 이러한 주의 종을 제17연에서 계속 말씀하고 있다. 주의 종은 주의 말씀을 굳게 세우는 자이다. 주의 말씀에 기초를 확고히 하는 자이다.

4) 이러한 주의 종에게 반드시 두 가지가 필요하다. 광야의 길을 걸을

때와 마찬가지로, 가나안을 정복할 때도 마찬가지이다. 첫째, 주의 말씀이 열리어 깨달아야 한다는 것이다. 둘째, 주의 얼굴을 비치어 가르침을 받아야 한다는 것이다.

5) 시편 119편 후반부 제12연부터 제17연까지를 삼중적 구조로 볼 수 있다. 물론 이중적으로 볼 수도 있다. 시편 119:121-136을 따로 구분할 수 있다. 여호와여와 주의 종이 다르기 때문이다. 그러나 나의 명철함, 나의 은신처, 나의 발걸음이라는 부분을 연결해서 생각하면 삼중적으로 볼 수 있다.

시편 119:89-104	시편 119:105-120	시편 119:121-136
A 제12연 '여호와여'(1) B 제13연 '나의 명철함'	A' 제14연 '여호와여'(2) B' 제15연 '나의 은신처'	A'' 제16연 '주의 종'(1) B'' 제17연 '나의 발걸음'

여호와여, 주는 의로우시고 주의 심판은 공정합니다.
Righteous art thou, O Lord, and upright are thy judgments.
시편 119:137

26

여호와여(III), 주의 종(II),
나의 즐거움

여호와여(Ⅲ), 주의 종(Ⅱ), 나의 즐거움

성경 : 시편 119 : 137 – 144

> **서론** 제18연은 '차데의 시'이다. 히브리어 알파벳 '차데'가 매
> 절마다 기록되고 있다. 시편 119편 후반부를 시작하면서
> 제12연의 시편 119:89에서 '여호와여'라고 했다. 이어서
> 제14연의 시편 119:107-108에서 연속으로 '여호와여'
> 라고 했다. 이제 제18연에서 다시 '여호와여'라고 한다.
> 우리말 개역개정은 '여호와여'로 시작하고 있지만, 원문
> 은 시편 119:137의 중간에 '여호와여'가 들어 있다.

1) 그런데 제16연에서는 '여호와여'라는 말씀 대신에 '주의 종'을 말
   씀하고 있다(시 119:122, 124, 125).

   제12연(시 119:91)과 제17연에서도 '주의 종'을 말씀하고 있다(시
   119:135). 그리고 제18연에서도 다시 '주의 종'을 말씀하고 있다(시
   119:140).

2) 그리고 제13연에서 '나의 명철함', 제15연에서 '나의 은신처' 그
   리고 제17연에서 '나의 발걸음'에 이어 제18연에서 '나의 즐거
   움'이라는 말씀이 기록되어 있다.

3) 그러므로 제18연에서는 '여호와여'와 '주의 종'과 '나의 즐거움'
이라는 말씀이 종합적으로 집중되고 있다. 지금까지의 말씀을 총
결론 짓고 있는 것 같다.

4) 그래서 제12연에서 제17연을 삼중적으로 볼 수 있다.

왜냐하면 제16연에서 '주의 종'을 말씀하기 때문에 다르게 볼 수 있
다. 그러나 '나의 명철함', '나의 은신처', '나의 발걸음'을 서로 연결
해서 보면 삼중적으로 볼 수 있다. 이것을 구조적으로 보면 다음과
같다.

시편 119:89-104	시편 119:105-120	시편 119:121-136
A 제12연 '여호와여'(1) B 제13연 '나의 명철함'	A' 제14연 '여호와여'(2) B' 제15연 '나의 은신처'	A'' 제16연 '주의 종'(1) B'' 제17연 '나의 발걸음'

5) 그리고 제16연 '주의 종'과 제17연 '나의 발걸음'이 제18연에서
'주의 종'과 '나의 즐거움'으로 서로 연결되기 때문에 이것을 간
단히 구조적으로 보면 다음과 같다.

시편 119:121-136	시편 119:137-144
A 제16연 '주의 종'(1) B 제17연 '나의 발걸음'	A' 제18연 '주의 종'(2) B' 제18연 '나의 즐거움'

6) 제18연에서 '의'라는 말씀이 강조되고 있다.

시편 119:137에서 '여호와여 주는 의로우시고…'라고 한다. 또 시편 119:138에서 '주께서 명령하신 증거들은 의롭고…'라고 한다. 또한 시편 119:142에서 '주의 의는 영원한 의요'라고 한다. 그리고 시편 119:145에서 '주의 증거들은 영원히 의로우시니…'라고 한다. 계속적으로 강조되고 있는 것이 '의'라는 말씀이다(시 119:121, 123). '의'에 대해서 구체적으로 말씀하고 있다.

1. 주는 의로우시다.

1) 시편 119:137에서 '여호와여' 당신은 의롭다고 선언하고 있다. 여호와 당신은 '의' 그 자체이시라는 것이다. 그리고 '여호와여' 주의 판단들은 옳다는 것이다. 정직하다고 선언하고 있다. 그것도 복수와 단수를 혼합하여 주의 판단들은 옳지 않은 것이 없다는 것이다.

2) 시편 119:138은 해석상 난점이 있다. 그러나 이러한 말씀의 의미는 주께서 명령하신 증거들 즉 주의 말씀은 전적으로 의롭고 신뢰할 만하다는 것이다. 주의 말씀의 특성이 정직하고, 의롭고, 성실하다는 것이다. 우리가 그것을 받아들이든, 받아들이지 않든 주의 말씀은 만왕의 왕의 명령이며 그것의 특징은 그것을 선포하신 주 여호와 하나님의 속성과 동일하다는 것이다. 본질적으로 똑같다는 것이다. 진리의 정수라는 것이다.

3) 그러면서 시편 119:139에서 시편 기자, 주의 종은 주의 말씀에 대한 가슴 벅찬 열정을 토로하고 있다. '내 열정이 나를 삼켰나이다'라고 한다. 내 대적들이 주의 말씀을 잊었기 때문이라는 것이다(시 119:136). 그래서 시편 기자, 주의 종은 시편 119:140에서 주의 말씀이 심히 순수하다고 한다. 심히 정미하다는 것이다. 죄로 오염된 인간의 불순한 사상이 전혀 포함되어 있지 않다는 것이다. 정결하게 하는 능력까지도 가지고 있다는 것이다. 그래서 시편 기자, 주의 종은 주의 말씀을 사랑한다는 것이다.

2. 주의 의는 영원한 의이다.

1) 시편 119:137에서 '주는 의로우시고'라고 했다. 이제 시편 119:142에서는 '주의 의'는 영원한 의라고 한다. 일시적이나 한시적인 것이 아니라, 주의 의는 끝이 없이 영원하다는 것이다. 절대로 변하지 않는 영원한 것이다.

2) 그러면서 주의 의만 영원한 것이 아니라, 주의 율법도 진리라는 것이다. 시편 119:144에서 주의 증거들 역시 영원히 의롭다는 것이다. 이러한 사실을 주의 종은 '나로 깨닫게 하사'라고 하고, '살게 하소서'라고 한다. 깨달음이 전제되어야만 바른 삶을 살 수 있다.

3) 시편 119:141에서 시편 기자, 주의 종은 미천하여 멸시를 당하지만, 주의 법도를 잊지 않았다는 것이다. 그리고 시편 119:143에서

시편 기자, 주의 종은 환난과 우환이 미쳤으나, 주의 계명은 나의 즐거움이라고 한다. 그것은 반드시 영원한 주의 의가 이루어질 것이기 때문이다. 반드시 이루어질 것을 확신하기 때문이다.

> **결론** 제12연에서 제17연까지는 '여호와여', '주의 종' 그리고 '나의 명철함', '나의 은신처', '나의 발걸음'이라고 하면서 서로 연결되어 있다. 제16연에서는 '여호와여'라는 간구 대신에 '주의 종'이라는 말씀을 세 번이나 반복하고 있다. 그러면서 제17연에서 '주의 종'이기 때문에 '나의 발걸음'을 주의 말씀에 굳게 세운다는 것이다.

1) 제18연에는 제12연과 제14연에서 반복되는 '여호와여'가 기록되어 있다. 또한 제18연에는 제12연, 제16연, 제17연에서 반복되는 '주의 종'이라는 말씀이 기록되어 있다. 그리고 제13연의 '나의 명철함', 제15연의 '나의 은신처' 그리고 제17연의 '나의 발걸음'에 이어 제18연에는 '나의 즐거움'이라는 말씀이 기록되어 있다.

2) 제18연에 '여호와여'라는 말씀과 '주의 종'이라는 말씀과 '나의 즐거움'이라는 말씀이 다 한번에 종합적으로 집중되고 있다. 지금까지 제12연부터 제17연까지의 주제어를 다 한 곳에 모아 놓고 있다. 지금까지 말씀을 결론짓고 있는 것 같다.

3) 이러한 제18연은 바로 앞에 있는 제17연과 밀접하게 연결되어 있다. 그것은 '나의 발걸음을 주의 말씀에 굳게 세우시고'라고 했는

데, 그 근거가 무엇인지를 아주 자세히 말씀하고 있다. 나의 인생길, 가나안을 향해 가는 길, 성화의 길을 걸어가는 자가 발걸음을 주의 말씀에 굳게 세워야 할 이유가 무엇인가? 단순히 주의 말씀을 깨닫는 자가 되고, 배우는 자가 되는 것뿐만 아니라, 반드시 그렇게 해야 할 그 근거가 무엇인가? 크게 두 가지로 말씀하고 있다. 하나는 바로 주가 의롭고, 주의 말씀이 의롭기 때문이라는 것이다. 또 다른 하나는 주의 의가 영원한 의이고, 주의 말씀이 영원한 의이기 때문이다.

4) 제18연은 제17연에 이어서 네 번째로 '주의 종'이 누구인지를 가르쳐 주고 있다. 첫째, 주의 종은 주께 모든 것을 맡기는 자이다. 둘째, 주의 종은 주의 종답게 사는 자이다. 셋째, 주의 종은 주의 말씀에 굳게 서는 자이다. 넷째, 주의 종은 주의 말씀을 사랑하는 자이다. 다섯째, 주의 종은 주의 말씀을 나의 즐거움으로 삼는 자이다. 비록 내가 미천하여 멸시를 당하지만, 환난과 우환이 나를 사로잡아 꼼짝 못하게 만들어진 상황이 되었다 할지라도, 그럼에도 불구하고 주의 말씀을 나의 기쁨으로 여기면서 바른 삶을 살아가는 자이다. 주의 말씀은 나의 기쁨과 희락의 원천이 되기 때문이다. 그 이유가 주의 의가 영원한 의요, 주의 말씀이 진리요, 주의 말씀이 영원한 의로움이기 때문이다.

여호와여, 내가 진심으로 기도합니다. 나에게 응답하소서.
내가 주의 명령에 순종하겠습니다.
I cried with my whole heart; hear me, O Lord: I will keep thy statutes.
시편 119:145

27

여호와여(IV), 나의 소리

27

여호와여(IV), 나의 소리

성경 : 시편 119 : 145 – 152

> **서론** 제18연은 '차데의 시'이다. 제18연은 시편 119편의 후반부 중에서 제12연-제17연을 전체적으로 요약하여 말씀한다. 모든 주제를 다 포함하고 있다.

1) 제16연에서 주의 종이 누구인지 크게 두 가지로 말씀했다.

첫째, 주의 종은 주께 모든 것을 맡기고, 주께서 책임져 주시는 자이다. 둘째, 주의 종은 자신이 주의 종이라는 확신을 가지고 주의 종답게 사는 자이다.

2) 제16연에 이어 제17연에서 다시 주의 종이 누구인지 말씀하고 있다.

셋째, 주의 종은 주의 말씀에 굳게 서는 자이다. 그리고 제18연에서는 다시금 '주의 종'에 대해서 말씀하고 있다. 넷째, 주의 종은 주의 말씀을 사랑하는 자이다. 다섯째, 주의 종은 주의 말씀을 나의 즐거움으로 삼는 자이다.

3) 제19연은 '코프의 시'이다. 히브리어 알파벳 '코프'로 매 절마다 시작되고 있다.

지금까지는 한 연에서 '여호와여'를 주로 한 번만 말씀했다. 그런데 제19연에 와서는 '여호와여'라는 말씀을 계속 반복하고 있다. 제16연에서 '주의 종'을 세 번 반복하는 것(시 119:122, 124, 125)과 같이 제19연에서도 '여호와여'를 세 번이나 반복하고 있다(시 119:145, 149, 151).

4) 제19연은 제18연과 밀접하게 연결되어 있다.

제18연에서 주가 의롭고, 주의 말씀이 의롭고, 뿐만 아니라 주의 의는 영원한 의이고, 주의 말씀 역시 영원한 의이기 때문에 주의 종은 주의 말씀을 사랑하고, 나의 즐거움으로 삼는다고 했다. 이제 제19연에서 이러한 주의 말씀에 근거한 삶을 간구로 즉 기도로 말씀하고 있다(시 119:145, 146, 147, 149). 따라서 제19연의 중요한 중심 주제는 '내가 부르짖었다'는 것이다.

1. 내가 부르짖었사오니이다.

1) 시편 119:145과 119:146에서 모두 '부르짖다'(קָרָא)는 말씀으로 시작하고 있다. 좀 더 정확하게 말하면 '내가 부르짖다'(קָרָאתִי)라고 한다. 여기 '부르짖다'는 것이 완료형이므로 과거의 경험을 가리키

는 것같지만, 아직 시편 기자, 주의 종의 고난은 끝나지 않았다. 그래서 지금도 부르짖고 있다. 울부짖고 있다.

2) 그러면 누가 부르짖어야 하는가? '내가'이다(시 116:1-2). 누구에게 부르짖어야 하는가? '주께'이다(시 119:146). 어떻게 부르짖어야 하는가? '전심으로'이다(시 119:145). 무엇을 부르짖고 있는가? '내게 응답하소서'이다(시 119:145). 주께서 현실에 그대로 이루어 주시도록 부르짖는 것이다. 그러나 보다 더 큰 그림은 '내가 주의 교훈들을 지키리이다'(시 119:145). 그리고 '내가 주의 증거들을 지키리이다'(시 119:146)이다.

3) 그러니까 나를 구원해 주시면 내가 더욱 철저하게 주의 말씀을 지키겠다는 것이다. 준행하겠다는 강력한 의지를 피력하고 있다. 주의 말씀을 지키기 위하여 전심으로 주께 부르짖었다는 것이다. 나를 구원해 주셔야 내가 주의 말씀을 지킬 수 있다는 것이다. 그러니 주의 종은 단순히 어려움 가운데서 벗어나 평안한 생활을 하는 데 있지 않다. 구원을 향해 부르짖는 가장 궁극적이면서 합당한 삶의 자세는 주의 말씀을 사랑하고, 그 말씀대로 순종하는 삶을 지속하는 것이다. 주의 말씀을 준행하는 것이다.

2. 나의 소리를 들으소서이다.

1) 이렇게 시편 기자, 주의 종은 주의 말씀을 바라며 묵상하기 위

해서 불철주야 부르짖었다. 새벽에 일찍 깨었다. 눈이 떠졌다(시 119:148). 전심으로, 항상 그렇게 했다는 것이다.

2) 시편 119:149에서 시편 기자, 주의 종은 다시 '여호와여'라고 하면서 간구하고 있다. 무엇을 위해서 간구하고 있는가? '내 소리를 들으소서'라고 한다. 단순한 간구가 아니라, 응답을 전제한 간구를 하고 있다. '내 소리를 들으시고, 반드시 응답해 주소서'라는 의미이다. 이제 여호와 하나님께서 들으실 차례이다. 나의 소리를 들으소서라고 한다. 나를 살리소서라고 한다(시 116:1-2).

3) 이러한 응답과 풍성함은 '주의 인자하심을 따라'이다. 한마디로 '헤세드'이다. 이렇게 시편 기자, 주의 종이 부르짖어 간절하게 기도할 수밖에 없는 이유와 근거가 무엇인가? 그것은 악을 따르는 자가 가까이 왔기 때문이다(시 119:150). 그러면서 119:151에서 대조를 보이면서 주께서 이미 시편 기자, 주의 종에게 가까이 와 계신 상태를 말씀하고 있다. 그것도 이러한 사실을 확신과 감격에 찬 어조로 외치는 간증적 표현이다.

4) 이러한 것을 분명하게 해 주는 것이 시편 119:152에서 내가 전에부터 알고 있었다는 것이다. 경험을 통해서 생생하게 알고 있었다는 것이다. 주의 증거들, 주의 말씀을 통해서 확실히 알았다는 것이다. 그 이유는 주께서 영원히 세우셨기 때문이다. 주의 말씀의 자증성을 강조하고 있다.

결론 제19연 '코프의 시'는 제18연과 아주 밀접하게 연결되어 있다. 제18연은 크게 두 가지를 말씀했다. 하나는 주가 의롭고, 주의 말씀이 의롭다는 것이다. 다른 하나는 주의 의가 영원히 의롭고, 주의 말씀이 영원히 의롭다는 것이다.

1) 제18연에서 주의 종을 크게 두 가지로 정리했다. 하나는 주의 종은 주의 말씀을 사랑하는 자이다. 다른 하나는 주의 종은 주의 말씀을 나의 즐거움으로 삼는 자이다. 그리고 제17연과 연결되어 주의 종은 나의 발걸음을 주의 말씀에 굳게 세우는 자이다.

2) 제19연은 제18연에서 주가 의롭고, 주의 말씀이 의롭다는 것과, 주의 의가 영원히 의로움에 근거하여 시편 기자, 주의 종은 부르짖고 있다. 울부짖고 있다. 여호와 하나님께 들어달라고 한다. 들으소서라고 한다. 진정한 주의 종은 기도하는 자이다. 그것도 내 자신이 여호와 하나님 앞에서 기도한다. 여호와 하나님이 내 앞에 계신다는 것을 알고, 믿고 기도하는 것이다.

3) 이러한 기도를 드릴 때 어떻게 기도해야 하는가? 기도의 방법이 무엇인가? 네 가지로 정리할 수 있다. 첫째, 전심이다. 둘째, 항상이다. 셋째, 말씀이다. 넷째, 확신이다.

나의 고통을 보시고 나를 구하소서. 내가 주의 법을 잊지 않았습니다.
Consider mine affliction, and deliver me: for I do not forget thy law.
시편 119:153

28

나의 고난, 여호와여(V)

> **서론** 제18연은 대단히 중요한 '차데의 시'이다. 왜냐하면 시편 119편 후반부 즉 제12연부터 제18연까지를 전체적으로 요약하고, 모든 주제를 다 포함하고 있기 때문이다. 그래서 제18연은 '여호와여', '주의 종', '나의 즐거움'이라는 말씀이 모두 기록되어 있다.

1) 제18연은 제19연의 '코프의 시'의 근거가 되기도 한다.

결과적인 것이 되고 있다. 제18연에서 주의 말씀이 의롭고, 영원한 의가 되기 때문에 제19연에서 '여호와여'라고 하면서 '내가 부르짖었사오니'라고 한다. 주의 말씀이 진리이기 때문에 부르짖었다는 것을 계속적으로 반복하면서 '내게 응답하소서', '나를 구원하소서'라고 한다(시 119:145, 146, 147).

2) 그것도 새벽녘에 일어나서 주의 말씀을 붙잡고 묵상했다는 것이다.

더 나아가서 '나의 소리를 들으소서'라고 하면서 '나를 살리소서'라고 하면서 '내가 알고 있었고, 알았다'는 것이다. 악을 따르는 자들이 가까이 왔지만, 주께서 가까이 계신다는 확신을 가지고 있었다는 것이다. 따라서 주의 종은 주의 말씀을 붙잡고 기도하는 자이다. 또한 주의 종은 주의 말씀에 대한 확신을 가지고 기도하는 자이다.

3) 이렇게 제18연은 앞의 제16-17연과 뒤의 제19연과 아주 밀접하게 서로 연결되어 있다.

제18연을 중심으로 샌드위치 구조로 이루어져 있다. 이것을 도표로 보면 다음과 같다.

제16-17연(시 119:121-136)	제18연(시 119:137-144)	제19연(시 119:145-152)
A 제16연 주의 종(1) B 제17연 '나의 발걸음'	A' 여호와여(3) 주의 종(2) B' '나의 즐거움'	A" 여호와여(4) B" '나의 소리'

4) 제20연(시 119:153-160)은 '레쉬의 시'이다.

히브리어 알파벳 '레쉬'로 매 절마다 시작되고 있다. 이러한 제20연은 제19연과 주제어의 순서가 바뀌고 있다. 제19연에서는 '여호와여'라는 말씀을 세 번이나 말씀했다(시 119:145, 149, 151).맨 먼저 '여호와여'라고 하면서 시작했다. 그러면서 '나의 소리를 들으소서'라고 하면서 '나를 살리소서'라고 부르짖었다. 그런데 이제 제20연에서는 순서가 바뀌어 시편 119:153을 '나의 고난'이라고 시작한다. 그리고 시편 119:156에 가서야 '여호와여'라고 한다. 또한 119:159에서 또 한 번 '여호와여'라고 한다. 이렇게 제20연에서는 '나의 고난'-'여호와여'로 제19연의 순서와는 완전히 역순서가 된다.

1. 나의 고난을 보시고이다.

1) 우리말 개역개정과 달리 원문은 시편 119:153을 '레에' 즉 '보다'라는 말씀으로 시작하고 있다. 이것은 단지 외관을 보는 의미도 있지만, 내면까지도 포함하고 있다. 시편 기자, 주의 종의 상황이나 형편, 마음의 심경까지도 정확하고 분명하게 보아 달라고 하는 것이다. 물론 여기에 주어가 생략되어 있지만, 의미상으로 '여호와여' 나의 고난을 보시고라는 것이다. 주께서 보아 달라고 간구하는 것이다. 무엇을 보아 달라고 하는가? 바로 '나의 고난'이다.

2) 시편 119:154에서는 '주께서 나를 변호하시고'라고 한다. 개역성경은 '주는 나의 원한을 펴시고'라고 번역하고 있다. 주께서 나의 소송을 변론해 달라는 것이다. 의로운 재판장이신 여호와 하나님께서 시편 기자, 주의 종을 변호하여 압제당하는 자신의 원한, 권리를 지켜 주시기를 간구하고 있다.

3) 그래서 주께서 세 가지를 하시기를 간구하고 있다. 첫째는 '나를 건지소서'라고 한다. 출애굽시켜 달라는 것이다. 둘째는 '나를 구하사'라고 한다. 나를 구속해 달라는 것이다. 셋째는 '나를 살리소서'라고 한다. 소생케 해 달라는 것이다. 회복시켜 달라는 것이다 (시 119:149, 154, 156).

2. 나의 대적이 많으니이다.

1) 시편 기자, 주의 종은 자신의 고난을 보시고, 변호해 주셔서, 주의 긍휼을 따라 주의 말씀대로 자신을 건져 달라는 것이다. 구속해 달라는 것이다. 살려달라는 것이다. 소생시키고, 회복시켜 풍성함을 누리게 해달라고 간구했다. 이러한 고난의 처지, 곤고한 상황에서도 주의 말씀을 잊지 않았다는 것이다. 떠나지 않았다는 것이다. 악인들과 다르게 구별되게 살았다는 것이다. 이제 시편 119:157에서 주의 종은 '나의 고난'이 바로 '나를 핍박하는 자들과 나의 대적자들' 때문이라는 것이다. 나를 핍박하는 자와 나를 대적하는 자들이 많다는 것이다.

2) 시편 119:156에서 여호와여 주의 긍휼이 많다고 했다. 이제 시편 119:157에서 나를 핍박하는 자들과 나의 대적들이 많다는 것이다. 은혜가 많은 그곳에는 고난, 죄악도 함께 많다는 것이다. 그러면서 주의 종을 핍박하는 대적자들은 119:158에서 '주의 말씀을 지키지 아니하는 거짓된 자들'이라고 한다. 그들의 정체를 아주 분명하게 밝히고 있다.

3) 그럼에도 불구하고 시편 기자, 주의 종은 어떻게 하겠다고 하는가? '보십시오'라는 말씀이 문장의 맨 앞에 나온다. 시편 119:153에서 '보시고', 시편 119:158에서 '보고', 시편 119:159에서 '보옵소서'라고 동일하게 말씀하고 있다. 그러니 주의 종이 어떻게 하였는지 '보옵소서'라고 한다. 크게 세 가지로 정리할 수 있다. 첫

째, 나는 떠나지 아니하였다는 것이다(시 119:157). 둘째, 나는 슬퍼하였다는 것이다(시 119:158). 셋째, 나는 사랑한다는 것이다(시 119:159).

4) 그러면서 '여호와여 주의 인자하심대로 나를 살리소서'라고 한다. 이러한 근거가 시편 119:160에서 주의 말씀은 부분적으로가 아니라, 모든 항목의 전체가 다 진리라는 것이다. 주의 말씀의 시발점이 진리라는 것이다(시 119:151, 142, 144). 주의 말씀은 태초부터 진리였으며, 영원히 변치 않는 의로움이기 때문에 진리라는 것이다.

결론 제20연은 '레쉬의 시'이다. 제19연과 아주 밀접하게 연결되어 있다. 제19연은 '여호와여'라는 말씀으로 시작하고 있다. 그러면서 '여호와여'라는 말씀을 세 번이나 반복하면서 강조하고 있다. 그러면서 '나의 소리'를 들으소서라고 했다. 내가 부르짖는다는 것이다. 그러니까, '여호와여'라고 먼저 부르짖고, '나의 소리'를 들으소서라고 했다.

---

1) 제20연은 제19연과 순서를 바꾸고 있다, 제19연과 역순서로 '나의 고난을 보시고'라고 먼저 말씀하고 있다. 주께서 '나의 원한을 변론하시고'라고 한다. 그리고 난 이후에 시편 119:156에서 '여호와여', 시편 119:159에서 '여호와여'라고 한다.

2) 그러면서 제20연의 가장 핵심이 되는 주제어로 제19연의 시편 119:149에서 기록했던 '여호와여 주의 규례들을 따라 나를 살리

소서'라는 말씀을 다시 반복하고 있다. '나를 살리소서'라는 말씀을 제20연에서 무려 세 번이나 반복하면서 강조하고 있다(시 119:154, 156, 159). 이와 비슷한 동의어까지 합치면서 무려 다섯 번에 걸쳐서 말씀하고 있다(시 119:153, 154).

3) 시편 기자, 주의 종을 살릴 수 있는 것은 주의 인자하심 즉 주의 긍휼이라는 것이다. 다른 하나는 주의 말씀이라는 것이다. 주의 말씀은 진리이기 때문이다. 그러면서 주의 종과 악인들을 철저히 대조하고 있다.

권력 있는 자들이 이유 없이 나를 핍박하나 내가 두려워하는 것은 주의 말씀밖에
없습니다.
Princes have persecuted me without a cause: but my heart standeth in awe of
thy word.
시편 119:161

29

나의 마음, 여호와여(VI)

29 나의 마음, 여호와여(VI)

성경 : 시편 119 : 161 - 168

서론 제20연 '레쉬의 시'는 제19연 '코프의 시'의 역순서이다. 제19연은 '여호와여'라고 하면서 '나의 소리를 들으소서'라고 했다. '여호와여'라는 말씀을 세 번이나 강조하고 있다(시 119:145, 149, 151). 그리고 제20연은 '나의 고난을 보시고'라고 하면서 '여호와여'라는 말씀을 두 번이나 강조하고 있다(시 119:156, 159). 그러면서 '나를 살리소서'(시 119:154, 156, 159)라고 했다.

1) 제20연은 제21연과 밀접하게 연결되어 있다.

제21연은 '신과 쉰의 시'이다. 히브리어 알파벳 '신과 쉰'으로 매절마다 시작되고 있다.

2) 제20연에서 '나의 고난'이라고 하면서 '여호와여'라고 두 번이나 강조하고 있다(시 119:156, 159).

이제 제21연도 제20연과 동일한 문맥의 흐름 속에서 이어지고 있다. 그래서 제21연은 '나의 마음'이라고 하면서 '여호와여'라고 하여 제20연의 순서를 그대로 따르고 있다.

3) 지금까지는 주로 '여호와여'라는 간구가 먼저였다.

그리고 그 다음에 '나의 소리를 들으소서' 혹은 '나의 즐거움이니이다'라고 시편 기자, 주의 종 자신의 고백을 후에 했다. 그러나 제20연과 제21연은 그 순서를 바꾸어서 말씀하고 있다. 그것도 연속적으로 그렇게 하고 있다. '나의 마음'이라고 하면서 '여호와여'라고 한다.

1. 나의 마음은 오직 말씀이다.

1) 시편 119:161에서 시편 기자, 주의 종은 '고관들이 거짓으로 나를 핍박하오나'라고 한다. 이제는 '고관들'이 핍박한다고 한다. 여기 고관들은 방백들이다, 지배자, 통치자, 수령들이다. 그것도 고관들이라고 하면서 복수를 사용하여 그 당시 사회를 대표하는 지도급 인사들을 가리키는 것이다.

2) '고관들' 역시 주의 말씀을 무시한 자들이었기 때문에 법 집행에 공정하지 못했다는 것이다. 불의를 행하는 방백들이다. 고관들은 뒤쫓아 다니면서 핍박하고 있는 것이다. 또한 '거짓으로' 핍박하고 있다. 여기에 대해 개역 성경은 '무고히'라고 한다. 까닭 없이, 이유 없이 시편 기자, 주의 종을 괴롭히고, 박해했음을 강조하고 있다(시 119:158).

3) 이렇게 악한 고관들, 방백들이 거짓을 동원해서 시편 기자, 주의

종을 여전히 핍박하고 있지만, 그럼에도 불구하고 시편 기자, 주의 종은 '…나의 마음은 주의 말씀만 경외하나이다'라고 한다. 시편 기자, 주의 종은 고관들과 대조를 보이고 있다. 거짓으로 핍박을 하고 있지만, 자신은 주의 말씀만 경외한다고 한다. 나의 마음이 오직 주의 말씀만 사랑하겠다는 것이다.

4) 오직 주의 말씀만을 경외한다는 것이 무엇인지 크게 세 가지를 말씀하고 있다. 첫째, 나는 주의 말씀을 기뻐한다는 것이다(시 119:162). 시편 기자, 주의 종과 사람들을 대조시키고 있다. 둘째, 나는 주의 말씀을 사랑하는 것이다(시 119:163). 거짓을 미워하고 싫어한다는 것을 강조하면서 오직 주의 말씀만 사랑한다는 것이다. 셋째, 내가 주를 찬양한다고 한다(시 119:164). 주를 사랑하는 열정, 주의 말씀을 사랑하는 열정이 주를 찬양하게 한다. 그것도 하루에 일곱 번씩 주를 찬양한다고 한다.

2. 나의 영혼은 오직 순종이다.

1) 시편 119:165에서 주의 말씀을 사랑하는 자에게는 큰 평안(רָב שָׁלוֹם)이 있다고 한다. 주의 말씀을 사랑하는 자에게 주어지는 복으로 평안을 말씀하고 있다. 샬롬(שָׁלוֹם)이다. 안전과 번창과 건강, 형통 등의 의미를 갖고 있다. 분쟁이나 다툼이 없는 상태만을 의미하는 것이 아니라, 삶의 형통과 번영, 건강 등 신체적으로 영적으로 흔들림이 없는 견고하고 안정된 상태를 의미한다.

2) 이렇게 주의 말씀을 사랑하는 자들에게 큰 평안과 샬롬이 있는데, 그들이 가는 길은 장애물이 없는 형통이 있다는 것이다. 여기 그들은 주의 말씀을 사랑하는 모든 자들이다. 시편 기자, 주의 종만이 아니다. 주의 말씀을 사랑하는 모든 자들이 형통한 축복을 누리게 되는 것이다.

3) 이를 위해서 시편 기자, 주의 종은 어떻게 하였다고 하는가? 다시 말하면 주의 말씀을 사랑한다는 것이 무엇인가? 어떻게 큰 평안을 누리게 되는 것인가? 크게 세 가지로 말씀하고 있다. 첫째, '여호와여 내가 주의 구원을 바라며'라고 한다(시 119:166). 그리고 '주의 계명을 행하였다'고 한다. 둘째, '내 영혼이 주의 증거들을 지켰사오며'라고 한다(시 119:167). 그리고 '내가 지극히 사랑하나이다'라고 한다(시 119:163). 셋째, '내가 주의 법도들과 증거들을 지켰다'는 것이다(시 119:168). 그리고 '나의 모든 행위가 주 앞에 있다'는 것이다. 코람데오 신앙 즉 신본주의적 삶이 큰 평안을 가져다 주었다는 것이다.

> **결론** 제19연(시 119:145-152)에서 '여호와여'라고 하면서 '나의 소리를 들으소서'라고 했다. '여호와여'라는 말씀을 세 번이나 반복하고 있다(시 119:145, 149, 151). 이어서 제20연(시 119:153-160)에서는 제19연의 역순서로 '나의 고난을 보시고'라고 하면서 '여호와여'라고 했다. '여호와여'라는 말씀을 두 번이나 반복하고 있다(시 119:156, 159).

1) 제21연(시 119:161-168)에서는 제20연의 순서를 그대로 따라 '나의 마음'이라고 하면서 '여호와여'라고 한다. 내 영혼이 주의 증거들을 지켰다고 한다. 그러면서 시편 119:161에서 '나의 마음'은 주의 말씀만 경외하나이다라고 한다. 한편으로는 두렵고, 떨림으로, 또 다른 한편으로는 감격과 기쁨으로 오직 주의 말씀만을 경외한다고 한다.

2) 그래서 시편 기자, 주의 종은 오직 주의 말씀만을 경외하는 모습을 세 가지로 기록하고 있다. 첫째, 나는 주의 말씀을 즐거워한다는 것이다. 둘째, 나는 주의 말씀을 사랑한다는 것이다. 셋째, 나는 주를 찬양한다는 것이다. 오직 말씀이다. 이렇게 오직 주의 말씀만을 경외하고, 사랑하는 자에게는 '큰 평안'이 있다는 것이다. 큰 샬롬이 있다는 것이다. 주의 은혜가 있다는 것이다.

3) 그럼 시편 기자, 주의 종은 어떻게 사랑하고 있는가? 큰 평안을 누리기 위해 주의 말씀을 향한 태도를 세 가지로 기록하고 있다. 첫째, 내가 주의 말씀을 행하였다고 한다. 둘째, 내 영혼이 주의 말씀을 지켰다고 한다. 셋째, 내가 주의 법도들과 증거들을 지켰다고 한다. 나의 모든 행위가 주 앞에 있기 때문이라는 것이다. 이렇게 오직 주의 말씀만을 지켰다는 것이다. 오직 순종이다.

4) 따라서 시편 기자, 주의 종은 주의 말씀에 대해서 두 가지 사실을 강조한다. 첫째, 사랑이다(시 119:163, 167). 둘째, 준행이다(시 119:166, 168). 주의 종은 오직 순종이다.

여호와여, 나의 기도에 귀를 기울이시고 주의 말씀대로 나에게 깨달음을 주소서.
Let my cry come near before thee, O Lord: give me understanding according
to thy word.
시편 119:169

30

여호와여(VII),
나의 간구, 나의 도움,
여호와여(VIII)

30 여호와여(VII),나의 간구, 나의 도움, 여호와여(VIII)

성경 : 시편 119 : 169 – 176

서론 시편 119편은 성경에서 가장 긴 장이다. 그래서 다 읽혀지지 않는 가장 지루한 장이다. 그러나 시편 119편은 '가장 위대한 시편'(the great psalms) 이라고 한다. 다이아몬드와 같은 보석이 가득한 '보화의 시편'이라고 한다. 인생의 119이다. 히브리어 알파벳 22자로 이루어져 있어 '알파벳 시'라고 한다.

---

1) 제19연(시 119:145-152)의 '코프의 시'는 '여호와여'라고 하면서 '나의 소리를 들으소서'라고 한다.

그것도 '여호와여'라는 말씀을 세 번이나 강조하고 있다(시 119:145, 149, 151). '내가 부르짖는다'고 한다.

2) 제20연(시 119:153-160)의 '레쉬의 시'는 제19연과 역순서로 '나의 고난을 보시고'라고 하면서 '여호와여'라고 한다.

그러면서 '여호와여'라는 말씀을 두 번이나 강조하고 있다(시 119:156, 159). '나의 고난'을 보시고, 나를 건지시고, 나를 구속하시고, 나를 살려달라고 한다. 나는 주의 말씀을 잊지 아니하기 때문이라는 것이다.

3) 제21연(시 119:161-168)의 '신과 쉰의 시'는 제20연과 비슷하게 '나의 마음'이라고 하면서 '여호와여'라고 한다.

'나의 마음'은 주의 말씀만 경외한다는 것이다. 나는 주의 말씀을 즐거워하고, 사랑하고, 찬양한다는 것이다. 그렇게 주의 말씀을 사랑하는 자에게 큰 평안이 있다고 했다. 그래서 '여호와여' 나의 영혼이 주의 말씀을 지켰다는 것이다. 사랑하면서 행하였다는 것이다. 나의 모든 행위가 주 앞에 있다는 것이다.

4) 이제 마지막 제22연(시 119:169-176)은 '타우의 시'이다.

히브리어 알파벳 맨 마지막 '타우'가 매 절마다 앞에 기록되어 있다. 따라서 제22연은 제19연과 동일하게 '여호와여'라고 하면서 '나의 간구'라고 한다. 제21연과는 역순서로 말씀하고 있다. 그리고 다시한 번 제21연과 비슷하게 '나의 도움'이라고 하면서 '여호와여'라고 한다. 그러면서 시편 119:176에서 잃은 양이라는 말씀과 함께 '주의 종'이라는 말씀이 기록되어 있다.

5) 이것은 제18연의 주제어와 모두 동일하게 세 가지가 다 함께 있다.

제18연은 제12-17연을 전체적으로 요약하고, 모든 주제어 '여호와여', '주의 종', '나의 즐거움'을 다 포함하고 있다고 했다. 시편 119편의 후반부의 종합적 결론에 해당된다고 했다. 중심적 핵심이 된다고 했다. 이와 마찬가지로 제22연은 시편 119편 전체의 종합적 결론에 해당된다고 할 수 있다. 전체적으로 모든 주제어를 다 포함하고 있다. '여호와여', '나의 부르짖음', '나의 간구', '나의 도움', '여호와여', '잃은 양', '주의 종' 등 모든 것이 총집결되어 있다. 특별히 '잃은 양'이라는 주제가 처음으로 등장하면서 끝을 맺고 있다. 따라서 이것을 전체적으로 보면 다음과 같다.

A 제19연(시 119:145-152) '여호와여' - '나의 소리'

B 제20연(시 119:153-160) '나의 고난' - '여호와여'

B' 제21연(시 119:161-168) '나의 마음' - '여호와여'

A' 제22연(시 119:169-176) '여호와여' - '나의 간구',

'나의 도움' - '여호와여'

1. '여호와여' - '나의 간구'이다.

1) 시편 119:169-170에서 시편 기자, 주의 종은 '여호와여'라고 하면서 '나의 부르짖음이 주 앞에 이르게 되기를' 간구하고 있다. 여기 '나의 부르짖음'은 기쁠 때나 슬플 때, 나의 외침, 함성, 노래, 승리의 환호성이라는 다양한 뜻을 가지고 있다. 그러나 이어지는 119:170을 보면 구원을 간구하는 외침으로 보는 것이 좋을 것이다. '나의 간구가 주 앞에 이르게 하시고'라고 한다. '나의 부르짖음'에서 '나의 간구'로 바뀌고 있다. 그 의미는 비슷한 동의어적 표현이다.

2) '주 앞에' 응답되기를 간절히 바라는 기도의 내용은 두 가지이다.

하나는 시편 119:169의 '주의 말씀대로 나를 깨닫게 하소서'이다. 여호와 하나님께서 시편 기자, 주의 종에게 깨닫게 해 달라고 한다. 다른 하나는 시편 119:170의 '주의 말씀대로 나를 건지소서'이다. 다시 번역하면 '주의 말씀하심을 따라서 나를 구원해 달라'고 한다. 여호와 하나님께서 약속하신 그 약속대로 구원해 달라는 것이다.

3) 그러면서 시편 119:171-172에서 주의 종은 일종의 서원을 드리고 있는 것 같다. 내 입술이 주를 찬양한다는 것이다. 찬양의 주체가 '주'이다. 당신이다. 부르짖는 것을 응답하시는 여호와 하나님 자신을 내 입술로 찬양한다는 것이다. 내 혀가 주의 말씀을 노래한다는 것이다. 노래의 대상이 '주의 말씀'이다. 이렇게 내 입술이 찬양하고, 내 혀가 노래하는 이유가 무엇인가? 크게 두 가지로 말씀하고 있다. 하나는 '주께서 율례를 내게 가르치시므로'라고 한다. 다른 하나는 '주의 모든 계명들이 의로우므로'라고 한다.

2. '나의 도움' – '여호와여'이다.

1) 이렇게 주의 종은 '여호와여'라고 하면서, '나의 부르짖음', '나의 간구'에 응답하신 여호와 하나님을 내 입술과 혀를 통해서 찬양하고 노래하고 있다. 이제 시편 119:173-174에서는 그 순서를 바꾸어서 '나의 도움'이 되게 하소서라고 하면서, '여호와여'라고 한다.

2) 시편 119:173에서 주의 손이 항상 나의 도움이 된다. 왜냐하면 내가 주의 법도들을 택하였기 때문이다. 그 이유는 바로 주의 종이 주의 말씀을 선택했기 때문이다. 이제 주의 종은 '여호와여'라고 하면서 '내가 주의 구원을 사모하였다'고 한다. 이어서 '내가 주의 법을 즐거워하나이다'라고 한다(시 119:162).

3) 이어서 시편 119:175-176에서 주의 종이 살기를 원하는 중요한 이유가 바로 '주를 찬송하기 위함'이라고 강조한다. 뿐만 아니라 '주의 말씀'이 나를 돕게 하소서라고 한다. 그러면서 시편 119:176에서 내가 잃은 양과 같이 유리한다는 것이다. 양은 목자에게 매우 귀한 존재이다. 확신을 가지고 '주의 종을 찾으소서'라고 간절히 간구하고 있다.

4) 이렇게 첫째, 주의 종은 '내가 주의 법도들을 택하였다'고 한다. 선택하는 삶에 대해서 말씀하고 있다. 둘째, 주의 종은 '내가 주의 구원을 사모하였다'고 한다. 사모하는 삶에 대해서 말씀하고 있다. 셋째, 주의 종은 '내가 방황하오니 주의 종을 찾으소서'라고 한다. 확신하는 삶에 대해서 말씀하고 있다. 확신 가운데 주의 말씀을 소중히 여기는 삶에 대해서 말씀하고 있다. 그러면서 시편 기자, 주의 종은 '여호와여 나의 부르짖음'과 '나의 간구'가 주의 앞에 이르게 하시고 주의 말씀을 절대로 잊지 않겠다는 고백과 다짐으로 끝을 맺고 있다.

> **결론** 시편 119편은 히브리어 알파벳 첫 번째 글자인 '알렙'으로부터 시작하여 마지막 글자인 '타우'까지 전체 22연으로 되어 있다. 답관체 시의 정수를 보여주고 있다. 주의 말씀이 '알파'와 '오메가'라는 것이다. 처음과 끝이 됨을 확인시켜 주고 있다. 시편 119편은 한마디로 '주의 말씀'의 소중함, 귀중함, 그리고 그것을 중심으로 살아가며, 그 말씀에 순종하는 삶을 아주 세밀하게 말씀하고 있다.

1) 시편 119편의 제일 마지막 연, 제22연은 '타우의 시'이다. 시편 119편의 후반부의 종합적 결론이며, 더 나아가서 전체의 결론 격이라고 할 수 있다. 그래서 주제어가 모두 다 기록되어 있다. '여호와여' - '나의 부르짖음', '나의 간구' 또 순서를 바꾸어서 '나의 도움' - '여호와여'라고 하면서 '주의 종'에 대해서 말씀하고 있다. 그러면서 아주 특이하게 '잃은 양'에 대해서도 말씀하고 있다.

2) 주의 종은 '여호와여'라고 하면서 '나의 부르짖음', '나의 간구'에 대해서 '나를 깨닫게 하소서', '나를 건지소서'라고 했다. 이러한 모든 것이 '주의 앞에 이르게' 해 달라고 했다. 그러면서 두 가지를 강조하고 있다. 첫째는 응답받는 삶이다. 둘째는 찬양하는 삶이다.

3) 그리고 '나의 도움이 되게 하소서'라고 하면서 '여호와여'라고 한다. 주의 말씀이 '나를 돕게 하소서'라고 한다. 잃은 양같이 내가 방황하오니 주의 종을 찾으소서라고 하면서 확신을 가지고 있다. 그러면서 세 가지를 강조하고 있다. 첫째는 선택하는 삶이다. 둘째

는 사모하는 삶이다. 셋째는 확신하는 삶이다. 그러면서 '주의 말씀대로 나를 깨닫게 하소서'라고 시작하면서 '내가 주의 계명들을 잊지 아니함이니이다'라고 끝을 맺고 있다.

4) 따라서 주의 말씀을 깨닫는 것이 곧 잊지 않는 것이라는 것이다. 주의 말씀을 깨달아야, 주의 말씀의 권위를 인정하고, 소중히 여긴다는 것이다. 주의 말씀을 소중히 여기는 자가 시편 119:1-2의 말씀과 같이 주의 말씀을 따라 행하는 자들이 되어 복이 있는 자가 되는 것이다. 뿐만 아니라, 주의 말씀들을 지키고 전심으로 구하는 자가 되어 복이 있는 자가 되는 것이다. 그러니 복이 있는 자는 주의 말씀을 깨닫고, 주의 말씀을 소중히 여기는 자라는 것이다. 주의 말씀의 권위를 인정하는 자라는 것이다.

5) 시편 119편을 루터는 '황금의 ABC'(Golden ABC)라고 했다. 델리취는 '신자의 황금 입문서'라고 했다. 스펄전은 '진리의 학교'라고 했다. 샌더스는 유대교와 기독교의 역사에서 가장 애송되는 시로, '가장 인기 있는 시'라고 했다. 시편 119편은 모든 시편 중 가장 짜임새 있고 가장 잘 다듬어져 있는 시이다. 성경 전체의 최고봉이라고 할 수 있다. 하나님 계시의 최고봉인 토라를 말씀하고 있다. 하나님의 계시의 집대성인 성경 전체의 축약판이라고 할 수 있다.

6) 이러한 성경은 총 1,189장으로 구성되어 있다. 구약성경이 929장이다. 신약성경이 260장이다. 그 중심의 장은 594-595장이다. 따라서 구약성경 율법서 187장, 역사서 249장, 욥기 40장, 시편 150편 중 시편 118편이 바로 그 중심이다. 시편 118편을 중심에 두

고 바로 앞이 시편 117편이다. 시편 117편은 성경 전체의 장중에서 가장 짧은 장이다. 단 2절로 되어 있다. 가장 짧지만 결코 간과할 수 없는 소중한 장이다(롬 15:11). 그리고 시편 118편을 중심에 두고 바로 뒤는 시편 119편이다. 시편 119편은 성경 전체의 장 중에서 가장 긴 장이다. 무려 176절로 되어 있다. 따라서 시편 117-119편은 성경 전체의 장 중심에 하나의 단락으로 위치해 있다. 성경 전체의 중심 단락이다. 이것을 구조적으로 보면 다음과 같다.

시편 117편	시편 118편	시편 119편
성경에서 가장 짧은 장	성경에서 가장 중심 장	성경에서 가장 긴 장
여호와를 찬양하라	여호와께 감사하라	말씀을 마음에 새기라

7) 성경 전체의 장의 중심인 시편 117-119편은 시편 113편-134편의 큰 단락안에 포함되어 있다. 시편 113-117편의 출애굽의 하나님과 시편 120-134편의 시온의 하나님 사이에 기록되어 있다. '출애굽의 하나님'이란 출애굽 사건을 배경으로 위기 가운데 빠졌던 자신의 백성을 구원하신 하나님을 가리키고 있다. 반면 '시온의 하나님'이란 자신이 구원한 백성을 시온에서 축복하시는 하나님을 가리키고 있다. 특히 시편 113-117편은 위기에 처한 자신의 백성을 구원하시는 하나님의 능력에 초점을 맞추고 있다. 출애굽의 할렐시로서 출애굽을 통해 자신의 백성들을 구원하신 하나님을 강조하고 있다. 따라서 시편 118편은 출애굽 할렐시의 결론 격이다.

8) 그리고 시편 119편은 시온의 순례시의 서론 격이다. 이어서 시편 120-134편도 위기에 처한 자신의 백성을 구원하시는 하나님의 능력에 초점을 맞추고 있다. 성전으로 올라가는 노래들로서 '시온'(예루살렘)에서 여호와의 영원하신 복이 흘러나온다고 말씀하고 있다. 그러니까, 시편 113-117편이 출애굽의 구원을 떠올리게 한다면, 감사의 시인 시편 118편이 여호와께 감사하라고 하고, 율법의 시인 시편 119편이 율법을 마음에 새기라는 것이 시내산에서 율법을 받는 장면을 연상시키고 있다. 그리고 시편 120-134편은 광야의 노정을 끝내고 시온에 도착하는 장면으로 이어지고 있다. 이렇게 출애굽의 유월절 사건, 시내산에서 율법 수여 즉 오순절 사건, 시온(예루살렘) 입성이라는 역사적 사건의 흐름을 따라 전개되고 있다.

9) 바로 이 중간에서 시편 118편과 시편 119편은 출애굽을 통해서 구원을 받은 자로 시온을 향해 걸어가는 자들이 어떻게 해야 하는지를 말씀하고 있다. 시편 118편을 통해서 여호와께 감사하라는 것이다. 그리고 시편 119편을 통해서는 마음에 율법을 새기라는 것이다. 그렇게 하는 자에게 시온의 축복을 누리게 하신다는 것이다. 이러한 사실을 도표로 보면 다음과 같다.

시편 113-117편	시편 118편	시편 119편	시편 120-134편
출애굽 할렐시	감사하라(감사시)	토라(율법시)	시온의 순례시
출애굽	출애굽 / 시온(성전)	율법	시온(성전)
유월절(장막절)		오순절(시내산)	장막절